浙江省交通运输厅
浙江省发展和改革委员会

浙江省公路工程施工招标文件示范文本

(2022 年版)

浙交〔2022〕65 号
自 2022 年 7 月 1 日起实施

人民交通出版社股份有限公司
北京

图书在版编目(CIP)数据

浙江省公路工程施工招标文件示范文本：2022年版／浙江省交通运输厅，浙江省发展和改革委员会组织编写．— 北京：人民交通出版社股份有限公司，2022.8
　ISBN 978-7-114-18100-9

　Ⅰ.①浙⋯　Ⅱ.①浙⋯②浙⋯　Ⅲ.①道路施工—招标—文件—范文—浙江—2022　Ⅳ.①U415.13

　中国版本图书馆CIP数据核字(2022)第128993号

Zhejiang Sheng Gonglu Gongcheng Shigong Zhaobiao Wenjian Shifan Wenben

书　　名：	浙江省公路工程施工招标文件示范文本(2022年版)
著　作　者：	浙江省交通运输厅
	浙江省发展和改革委员会
责任编辑：	黎小东
出版发行：	人民交通出版社股份有限公司
地　　址：	(100011)北京市朝阳区安定门外外馆斜街3号
网　　址：	http://www.ccpcl.com.cn
销售电话：	(010)59757973
总　经　销：	人民交通出版社股份有限公司发行部
经　　销：	各地新华书店
印　　刷：	北京市密东印刷有限公司
开　　本：	880×1230　1/16
印　　张：	18
字　　数：	378千
版　　次：	2022年8月　第1版
印　　次：	2022年8月　第1次印刷
书　　号：	ISBN 978-7-114-18100-9
定　　价：	260.00元

(有印刷、装订质量问题的图书，由本公司负责调换)

浙江省交通运输厅
浙江省发展和改革委员会 文件

浙交〔2022〕65号

浙江省交通运输厅　浙江省发展和改革委员会 关于印发《浙江省公路工程施工招标文件 示范文本》(2022年版)的通知

各市交通运输局、发展改革委、公共资源交易监督部门,有关公路工程建设单位:

　　为加强我省公路工程施工招标投标管理,进一步规范公路工程施工招标投标活动,持续优化招投标领域营商环境,依照《中华人民共和国招标投标法》《中华人民共和国招标投标法实施条例》《浙江省招标投标条例》《公路工程建设项目招标投标管理办法》《浙江省人民政府关于进一步加强工程建设项目招标投标领域依法治理的意见》等法律法规规章规定,在国家九部委发布的《标准施工招标文件》、交通运输部发布的《公路工程标准施工招标文件》(2018年版)基础上,结合我省公路工程施工招标特点和管理需要,省交通运输厅联合省发展改革委对《浙江省公路工程施工招标文件范本》(2015年版)进行了修订,形成《浙江省公路工程施工招标文件示范文本》(2022年版)。现印发给你们,请按要求组织开展招标活动。

　　本通知自2022年7月1日起实施。执行中如发现问题,请及时向省交通运输厅建设管理处反馈。联系人:刘巧玲,电话:0571-87802729,邮箱:376295141@qq.com。

浙江省交通运输厅
浙江省发展和改革委员会
2022 年 6 月 9 日

浙江省交通运输厅办公室　　　　　　　　　2022 年 6 月 10 日印发

《浙江省公路工程施工招标文件示范文本》
（2022年版）

审定委员会

主 任 委 员：	洪秀敏	浙江省交通运输厅	副厅长
副主任委员：	许　峰	浙江省交通运输厅	处　长
	戴　敏	浙江省发展和改革委员会	副处长
委　　　员：	徐华军	浙江省招标投标管理中心	主　任
	余建平	浙江省招标投标管理中心	一级调研员
	胡文红	浙江省招标投标管理中心	四级调研员
	刘耿耿	浙江省公路与运输管理中心	副主任
	叶　震	浙江省公路与运输管理中心	处　长
	陈妙初	浙江省交通工程管理中心	副主任
	翁　洋	杭州市交通运输局	处　长
	叶昌勇	宁波市交通运输局	处　长
	陈　亮	温州市交通运输局	处　长
	王　晖	绍兴市交通运输局	处　长
	郭林园	嘉兴市交通运输局	主　任
	陆小军	湖州市交通运输局	处　长
	王　峰	金华市交通运输局	处　长
	漆爱捻	衢州市交通运输局	处　长
	梁　云	台州市交通运输局	总工程师
	陈德权	丽水市交通运输局	处　长
	王美芬	舟山市交通运输局	处　长

《浙江省公路工程施工招标文件示范文本》
(2022年版)

编写人员

顾　问：张治中

主　编：范　芳　　郑苗东　　刘巧玲

编　委：杜怀德　　文金军　　李新宇　　陈振宇　　秦英庆
　　　　项剑波　　陈建青　　高　霞　　张满帆　　苗　成
　　　　熊武平　　岳增东　　白　桦　　彭　芬　　王海波
　　　　占江华

前　言

　　为加强我省公路工程施工招标投标管理,进一步规范我省公路工程施工招标投标市场行为,提高招标文件编制质量,依照《中华人民共和国招标投标法》《中华人民共和国招标投标法实施条例》《浙江省招标投标条例》《公路工程建设项目招标投标管理办法》《浙江省人民政府关于进一步加强工程建设项目招标投标领域依法治理的意见》(浙政发〔2021〕5 号)等法律法规和规章,在国家九部委发布的《标准施工招标文件》、交通运输部发布的《公路工程标准施工招标文件》(2018 年版)基础上,结合我省公路工程施工招标特点和管理需要,我厅联合省发展和改革委员会,组织浙江远大工程咨询有限公司和有关专家,对《浙江省公路工程施工招标文件范本》(2015 年版)进行了修订,通过多次调研和讨论,公开征求意见,经审定后形成了《浙江省公路工程施工招标文件示范文本》(2022 年版)(以下简称《示范文本》)。

　　各地、各单位在使用过程中,如发现问题或有修改建议,请及时告知我厅建设管理处,以便改进与完善。

浙江省交通运输厅
二〇二二年五月

使 用 指 南

一、总体要求

（一）本《示范文本》适用于浙江省行政区域内依法必须招标的高速公路、普通国省道及其他二级以上公路工程施工招标。

（二）招标人根据《示范文本》编制项目招标文件时，不得修改"投标人须知"正文和"评标办法"正文，但可以在前附表中对"投标人须知"和"评标办法"进行补充、细化，补充和细化的内容不得与"投标人须知"和"评标办法"正文内容相抵触。

（三）招标人根据《示范文本》编制"B.项目专用合同条款"时，可根据招标项目的具体特点和实际需要，对"通用合同条款"及"A.公路工程专用合同条款"进行补充、细化，除"通用合同条款"明确"专用合同条款"可作出不同约定以及"A.公路工程专用合同条款"明确"B.项目专用合同条款"可作出不同约定外，补充和细化的内容不得与"通用合同条款"及"A.公路工程专用合同条款"强制性规定相抵触。同时，补充、细化或约定的不同内容，不得违反法律、行政法规的强制性规定以及平等、自愿、公平和诚实信用原则。

（四）《示范文本》用相同序号标示的章、节、条、款、项、目，供招标人选择使用；以空格标示的部分，招标人应根据招标项目具体特点和实际需要进行填写，确实没有需要填写的，在空格中用"/"标示。

（五）招标文件应由具有与招标项目规模和复杂程度相适应的技术、经济等方面的专业人员撰写。不具备编制能力的招标人应委托招标代理机构编制。招标文件编制完成后应报交通运输主管部门备案。招标文件备案后方能发布招标公告。备案后的招标文件如需进行实质性的修改，应以补遗书形式报原备案部门备案。

（六）采用公开招标方式的，在招标文件送有关行政监督部门备案前，招标人应在相应的公共资源交易平台向社会公示不少于3日。

（七）招标人应当按照项目审批（或核准）时确定的招标范围、招标方式、招标组织形式开展招标。一般采用公开招标方式，采用邀请招标的，应符合法律法规规定，并经项目审批（或核准）部门批准。

（八）我省公路工程建设项目采用公开招标方式的，原则上采用资格后审方式对投标人进行资格审查。

（九）投标人和从业人员信用信息应用

在《浙江省公路水运建设工程从业主体信用评价管理细则》施行且发布首次信用评价结果前，执行以下规定：

1.信用等级高的投标人增加投标次数。根据浙江省交通运输厅公布的信用评价结果,同一项目同一次开标标段中,投标截止日当期为 AA 级信用等级的投标人,最多可参加 2 个标段的投标(最多能中 1 个标段),其他企业最多可参加 1 个标段的投标。

2. 免缴投标保证金。政府投资项目、国有资金占主导地位的项目、PPP 项目施工招标中,根据浙江省交通运输厅公布的浙江省公路工程施工企业信用评价结果(以投标截止日信用等级为准),AA 级投标人可免缴投标保证金(招标文件中应明示),与信用等级相关联的企业资质应与招标资格审查条件(资质最低要求)相适应。

3. 投标加(减)分。采用综合评估法(合理低价法)、技术打分制的综合评估法(综合评分法)时,信誉得分设置如下:

(1)根据浙江省交通运输厅公布的信用评价结果,AA、A 级投标人在投标中选择使用信用等级得分且有效的,信用等级得分为 0.5 分(无效或未使用的得 0 分);B 级得分为 0 分;C 级得分为 -0.5 分;D 级得分为 -5 分。当年未列入浙江省交通运输厅公路施工企业信用等级名单且未被交通运输部评为公路施工企业信用等级 D 级的投标人,其信用等级得分按 0 分计算。

(2)已完业绩信息公开得分:投标截止期前,投标人投标文件中的公路施工类似项目业绩在"浙江省交通运输信用综合管理服务系统"中已全部公开并按要求提供了含有该系统水印的《主要业绩信息一览表》截图的,得 0.5 分。

(3)项目经理、项目技术负责人的相关职称和证书信息、安全负责人相关证书信息在"浙江省交通运输信用综合管理服务系统"中已全部公开并按要求提供了含有该系统水印的《主要人员信息一览表》截图的,得 0.5 分。

在《浙江省公路水运建设工程从业主体信用评价管理细则》施行且发布首次信用评价结果后,执行以下规定:

1. 信用等级高的投标人增加投标次数。根据浙江省交通运输厅公布的信用评价结果,同一项目同一次开标标段中,投标截止日当期及上一期均为 AA 级信用等级的投标人,最多可参加 2 个标段的投标(最多能中 1 个标段),其他企业最多可参加 1 个标段的投标。

2. 免缴投标保证金。政府投资项目、国有资金占主导地位的项目、PPP 项目施工招标中,根据浙江省交通运输厅公布的浙江省公路工程施工企业信用评价结果(以投标截止日信用等级为准),AA 级投标人可免缴投标保证金(招标文件中应明示),与信用等级相关联的企业资质应与招标资格审查条件(资质最低要求)相适应。

3. 投标加(减)分。采用综合评估法(合理低价法)、技术打分制的综合评估法(综合评分法)时,信誉得分设置如下:

(1)根据浙江省交通运输厅公布的信用评价结果,AA、A 级投标人在投标中选择使用信用等级得分且有效的(《信用评价结果使用承诺书》中载明有效期,开标时《信用评价结果使用承诺书》应有效。每期公布信用评价结果注明使用有效期,在使用有效期内允许使用二次)信用等级得分为 0.5 分(无效或未使用的得 0 分);B 级得分为 0 分;C 级得分为 -0.5 分;D 级得分为 -5 分。当年未列入浙江省交通运输厅公路施工企业信用等级名单的投标人,其信用等级得分按 0 分计算。

(2)根据浙江省交通运输厅公布的信用评价结果,拟任项目经理为 AA 或 A 级的得 0.3 分,为 D 级的得 -2 分,其余等级或未参加的得 0 分;拟任项目技术负责人为 AA 或 A 级的得 0.1 分,为 D 级的得 -1 分,其余等级或未参加的得 0 分;拟任安全负责人为 AA 或 A 级的得 0.1 分,为 D 级的得 -1 分,其余等级或未参加的得 0 分。

(3)项目经理、项目技术负责人的相关职称和证书信息、安全负责人相关证书信息在"浙江省交通运输信用综合管理服务系统"中已全部公开并按要求提供了含有该系统水印的《主要人员信息一览表》截图的,得 0.5 分。

二、招标公告部分

(一)招标条件

1. 项目名称。应与施工图批复名称一致。

2. 项目审批(或核准)、备案机关名称、批文及编号。应与项目审批(或核准)、备案文件内容一致。

3. 施工图批准(或行政许可)机关名称、批文名称及编号。应与施工图批准(或行政许可)文件内容一致。

4. 项目业主。即本招标项目的法人。应与前期审批资料一致。

5. 资金来源及出资比例。根据前期审批资料填写。

6. 招标人。为组织项目招标活动的主体,一般为项目业主,实行代建的,可为代建公司或建设指挥部等。

7. 招标代理。为本次招标提供招标代理服务的机构。

(二)项目概况与招标范围

1. 应说明本次招标项目的建设地点、规模、技术标准、计划工期、概算造价、招标范围、标段划分、主要结构形式等。应与施工图批复(或行政许可)内容一致。

2. 概算造价。根据初步设计批复内容填写相应概算,设计批复概算汇总表中不能反映本次招标的概算造价时,应根据经批准的详细概算文件汇总计算。

3. 标段划分。招标人应根据项目特点、工程规模、批复工期、建设管理等要求合理划分标段,应合理控制标段规模,并在招标文件中载明。不得利用划分标段规避招标、虚假招标、限制或者排斥潜在投标人。公路工程的路基、路面、桥梁、隧道等主体工程,各标段宜按以下合同额控制:高速公路不超过 25 亿元,一级公路不超过 10 亿元,二级公路不超过 3 亿元,跨海通道等特殊项目除外。公路工程的交通安全设施、机电、房建等附属工程可分别划分独立标段。原则上不得将特长隧道土建施工划分为两个及以上标段。

(三)投标资格要求

1. 企业资质要求。根据招标内容,按照建筑业企业资质标准的规定,设置投标人资质及等级要求。

招标人应严格按照国家有关企业资质管理的规定,提出与招标工程规模相适应的资质最低条件,不得随意提高资质等级要求或让不符合资质条件的企业参加投标。

2. 联合体。根据招标的实际情况进行约定,同一标段需要多项资质要求时,不得排斥联合体投标人。

联合体投标的,根据联合体协议书分工应各自满足资质、业绩最低要求。

资格审查条件(资质最低要求)为单项资质要求的,一般不接受联合体投标。同一资质确需接受联合体投标的,应有充分理由。单项资质接受联合体投标的,信誉扣分按各成员叠加,使用信用评价等级得分的,需联合体各方均使用并符合要求方可加分。

(四)招标文件的获取

1.网上下载时间。不得少于5日;截止时间如遇国家法定休假日的,应顺延至法定休假日后的第一个工作日。

2.电子招标文件一般不得收取招标文件工本费。

(五)投标文件的递交及相关事宜

1.踏勘现场及投标预备会。一般不组织踏勘现场及投标预备会。对技术复杂项目确需组织的,由投标人自愿参加,不得组织现场签到。

2.投标截止时间。从开启网上下载招标文件之日起至投标截止时间不得少于20日。截止时间如遇国家法定休假日的,应顺延至法定休假日后的第一个工作日。

(六)发布公告的媒介

招标公告应同时注明发布的所有媒介名称。依法必须招标的项目招标公告应同时在浙江交通网上发布。

三、投标人须知部分

(一)投标人须知前附表

1.招标人、招标代理机构、招标项目名称、标段建设地点、资金来源及比例、资金落实情况、招标范围。应与招标公告内容一致。

2.计划工期。计划工期应符合项目批复(或核准)文件明确的工期,不得随意压缩工期,并应当允许投标人提出优于计划工期的投标承诺。

3.质量要求。土建、交安、机电一般要求:标段工程交工验收的质量评定合格;标段工程竣工验收的质量评定90分及以上。

4.安全目标。招标人应设置安全目标。

5.投标人的资质条件、能力和信誉。根据国家有关规定和项目情况在附录中填写。

6.分包。鼓励公路工程依法进行专业化分包。不得分包的工程内容应在招标文件中明确。招标人不得在招标文件中设置对分包的歧视性条款,除法律法规明确不得分包的内容外,发包人不得在招标文件中随意设定一律不得分包或对分包作出不合理限制等条款内容。分包应符合法律法规和浙江省交通运输厅《浙江省公路水运工程施工分包和劳务合作管理实施细则》等规范性文件相关规定。

公路工程主体结构不得分包,发包人应当结合项目实际按标段设定不得分包的主体结构内容,具体可参考如下内容设定:

(1)拱桥、斜拉桥、悬索桥等特殊桥梁上部承重结构(钢结构除外),索塔、锚碇、沉井基础等结构;预应力混凝土桥梁上部承重结构(购买或委托专业化生产的梁板除外);浇筑高度大于或等于60m的混凝土结构墩台身。

（2）单独隧道标段的隧道二次衬砌；长度超过3km隧道的二次衬砌；水底隧道以及采用盾构法、隧道掘进机（TBM）施工的隧道。

（3）单独路面标段的沥青面层结构。

（4）大型滑坡体的支挡结构。

（5）构成主要工程实体的钢材、水泥、混凝土等主要材料、半成品、构（配）件的采购供应（钢结构除外）。

除上述规定不得分包的主体结构外的其他工程可以依法分包。

7. 招标文件澄清、修改时间。应符合法律法规相关规定。

8. 投标文件密封形式。统一采用双信封。

9. 增值税税金的计算方法。一般计税法。

10. 报价方式。一般为单价。

11. 是否接受调价函。一般不接受。

12. 最高投标限价。招标人应设置最高投标限价。最高投标限价的计算方法应在招标文件中明确。

13. 投标有效期。一般为90日。

14. 投标保证金。政府投资项目、国有资金占主导地位的项目、PPP项目施工招标中，根据浙江省交通运输厅公布的浙江省公路工程施工企业信用评价结果（以投标截止日有效的信用等级为准），AA级的投标人可免缴投标保证金，并在招标文件中明确。

15. 近年完成的类似项目情况的时间要求。一般为近5年。上半年发招标公告的，统一为"_____年1月1日以来"；下半年发招标公告的，统一为"_____年7月1日以来"。

16. 评标委员会的组建。评标委员会人数为5人以上单数。评标委员会成员（包括招标人代表）不得与投标人有利害关系。省重点建设工程项目的评标专家应当从省综合评标专家库相关行业中抽取，但交通运输部负责初步设计审批的高速公路、一级公路、独立桥梁和独立隧道等项目，评标委员会专家应当从国家重点公路工程建设项目评标专家库相关专业中随机抽取，特殊情况可从省综合评标专家库中抽取部分专家。

招标人代表不得超过1/3，并以1:2的人数随机抽取的方式产生，由招标人纪检监督抽取。招投标行政监督部门另有规定的，从其规定。凡与招标人存在隶属关系的单位（企业）参加投标的，招标人不得派代表参加评标委员会。

评标过程中，评标委员会成员有回避事由、擅离职守或者因健康等原因不能继续评标，1位专家不能参与评标的，自动从评标委员中取消1名招标人代表；2位专家不能参加评标的，由其余人员组成评标委员会进行评标；最终的评标委员会人数不得少于5人且招标人代表不得超过1/3，不满足上述要求的应补抽。

被更换的评标委员会成员已作出的相关评审结论无效，由更换后的评标委员会成员重新进行评审。

17. 否决投标的情形。招标人应在招标文件中集中载明否决投标条款。招标人通过补遗书增加、删除或修改否决投标条款的,应当在补遗书中集中载明调整后完整的否决投标条款。

18. 招标工作必须公开接受社会监督。监督机构应在"投标人须知前附表"中明确,根据《中华人民共和国招标投标法》第七条规定,一般应由交通运输主管部门和有关行政监督部门依法进行监督。

19. 招标人根据实际情况需要补充的其他内容,应集中在第 9 条,并在第 9.2 款后依次排序,如 9.3、9.4……

（二）资格审查条件

1. 资质最低条件。应与招标公告一致。

2. 财务最低要求。由招标人在满足国家相关法律法规前提下,根据项目具体特点和实际情况确定。一般要求承诺提供不超过标段预算造价 10% 的人民币的流动资金（由投标人自行决定采用银行信贷证明或财务能力承诺书,采用财务能力承诺书的,应附招标公告发布后银行出具的不少于要求流动资金的银行存款证明）。

3. "技术通过制的综合评估法（合理低价法）"业绩设置标准（见下表）

桥 梁 工 程					
结构形式或范围	单孔跨径 L	单座桥梁总长	"资格审查条件（业绩最低要求）"设置标准		其他
			单孔跨径	桥梁长度	
钢桁架、钢管混凝土拱桥	$100m > L \geq 60m$	/	40m	原则上不作要求	小于前述跨径的桥梁原则上要求完成过类似结构形式的桥梁工程（对跨径和长度均不作要求）
钢筋混凝土拱桥	$150m > L \geq 100m$	/	60m		
钢箱拱桥	$350m > L \geq 150m$	/	120m		
梁式桥	$140m > L \geq 80m$	/	60m		
斜拉桥	$300m > L \geq 200m$	/	150m		
悬索桥	$500m > L \geq 200m$	/	150m		
各类形式桥梁	/	$\geq 3000m$	/	不大于桥梁长度的 60%	

隧 道 工 程			
结构形式或范围	隧道长度 L	"资格审查条件（业绩最低要求）"设置标准	其他
特长隧道	$L \geq 3000m$	1000m	其余长度的隧道原则上要求完成过类似结构形式的隧道工程,但对长度不作要求
长隧道	$3000m > L \geq 1000m$	500m	

注：1. 公路工程的路基、路面工程以及所有房建、机电、交通安全设施等附属工程,原则上仅要求近 5 年来完成过相应公路等级类似工程内容的业绩最低要求。

2. 符合适用条件的项目其"资格审查条件（业绩最低要求）"统一按上表中数值设置,如：钢桁架、钢管混凝土拱桥,不论单跨跨径为 90m 或 60m,业绩最低要求均设置为"跨径 40m"。

4."技术打分制的综合评估法(综合评分法)"适用条件及业绩设置标准

符合下表规定的土建主体工程应采用技术打分制的综合评估法(综合评分法):

桥梁工程			
结构形式或范围		单孔跨径 L 或墩高	"资格审查条件(业绩最低要求)"设置标准	其他
^		^	单孔跨径 L 或墩高	^
拱桥	石拱桥	$L \geq 40\mathrm{m}$	/	长度原则上不作要求。加分业绩可按标段最大跨径的 60%～80% 设置
^	钢桁架、钢管混凝土拱桥	$L \geq 100\mathrm{m}$	60m	^
^	钢筋混凝土拱桥	$L \geq 150\mathrm{m}$	100m	^
^	钢箱拱桥	$L \geq 350\mathrm{m}$	200m	^
梁式桥		$L \geq 140\mathrm{m}$	100m	^
斜拉桥		$L \geq 300\mathrm{m}$	200m	^
悬索桥		$L \geq 500\mathrm{m}$	300m	^
墩高		$\geq 80\mathrm{m}$	50m	^
其他	1.施工环境复杂的桥梁工程[如海上独立大桥及其长大引桥;沿海边滩涂区高架桥梁;跨越大江、大河,上跨运营高速公路、城市快速路,上跨或下穿运营铁路(或轨道交通)桥梁],施工工艺复杂的桥梁工程	类似结构形式桥梁		类似业绩项目加分
^	2.特殊桥型或特殊结构桥梁的拆除或加固工程	^		^

隧道工程			
结构形式或范围 || 隧道长度 L	"资格审查条件(业绩最低要求)"设置标准	其他
设置通风井的特长隧道 || $\geq 3000\mathrm{m}$	1000m	加分业绩可按标段最长隧道的 60%～80% 设置
^ || $\geq 5000\mathrm{m}$	3000m	^
其他	1.单洞三车道且长度1000m以上的隧道工程,或单洞四车道及以上的隧道工程	类似结构形式隧道 || 类似业绩项目加分
^	2.穿越高地应力区、岩溶发育区、区域地质构造、采空区、水下等施工环境复杂的其他隧道工程	^ || ^

符合适用条件的项目其业绩最低要求统一按上表中数值设置。

因施工环境复杂、特殊桥型等其他情况适用"技术打分制的综合评估法(综合评分法)",但需将其他类似业绩作为资格审查条件的,可按照"技术通过制的综合评估法(合理低价法)"业绩设置标准设置。

5. 信誉最低要求。除交通运输部、浙江省交通运输厅、浙江省发展和改革委员会作出的限制潜在投标人投标资格或禁止进入我省交通建设市场且处于有效期内的行政处罚,以及国家各部委、省级各部门对潜在投标人采取了限制或禁止市场准入的联合惩戒措施之外,招标人不得以不合理的条件限制、排斥潜在投标人。

6. 项目经理、项目技术负责人和安全负责人最低要求。项目经理应具有注册建造师证书,专业和等级应按照《注册建造师执业工程范围》和《注册建造师执业工程规模标准》的规定,根据招标项目实际设置。项目技术负责人一般只提职称要求。项目经理、项目技术负责人和安全负责人应具有相应的安全生产考核合格证书(按规定无须提供的除外)。

7. 对于特别复杂的特大桥梁和特长隧道主体工程以及其他有特殊要求的工程,可对其他管理和技术人员(例如项目副经理、专业工程师)及主要机械设备和试验检测设备提出最低要求,但不得设置过高的资格条件。

8. 无行贿犯罪记录。应对投标人及其法定代表人、拟任项目经理进行行贿犯罪记录查询。查询的时间区间为投标截止之日上溯不少于3年。投标人不必提供证明材料,由招标人在定标前通过中国裁判文书网进行查询。

四、评标办法部分

(一)评标办法的选用

1. 公路施工项目招标设技术通过制的综合评估法(合理低价法)、技术打分制的综合评估法(综合评分法)、经评审的最低投标价法。

2. "技术通过制的综合评估法(合理低价法)"是综合评估法的评分因素中评标价得分为98.5分、企业信誉评分因素分值为1.5分、其他主观评分因素分值为0分的特例(房建等附属设施招标时评标价得分为100分、其他主观评分因素分值为0分)。我省公路工程施工招标评标办法一般应当使用"技术通过制的综合评估法(合理低价法)"。

3. "技术打分制的综合评估法(综合评分法)"是指对通过初步评审的投标人的评标价、施工组织设计、项目管理机构、技术能力等因素进行评分,按照综合得分由高到低排序,推荐中标候选人的评标方法。技术特别复杂的特大桥梁和长大隧道项目主体工程,符合第三条中"'技术打分制的综合评估法(综合评分法)'适用条件及业绩设置标准"的,应采用技术打分制的综合评估法(综合评分法)。

符合条件并适用"技术打分制的综合评估法(综合评分法)"的,由交通运输行业主管部门(或相应招投标监管部门)在招标文件备案表中出具意见。

4. "经评审的最低投标价法"一般适用于工程规模较小、技术含量较低的工程。

(二)评标办法前附表

1. "评标办法前附表"用于明确评标的方法、因素、标准和程序。招标人应根据招标项目具体特点和实际需要,详细列明全部评审因素、标准,没有列明的因素和标准不得作为评标的依据。

2. 采用"技术打分制的综合评估法(综合评分法)"时,招标人应根据项目具体情况确定各评分因素及评分因素权重分值,并对各评分因素进行细分、确定各评分因素细化分项的分值,各评分因素权重分值合计应为100分。各评分因素(信誉、评标价除外)得分均不应低于其权重分值的60%,且各评分因素得分应以评标委员会各成员的打分平均值确定,评标委员会成员总数为7人以上时,该平均值以去掉一个最高分和一个最低分后计算。评标价所占权重不应低于80%。

3. 凡评标委员会拟作出否决投标决定的,应先向投标人进行询问核实。未进行询问核实程序的,不得作出否决投标决定(投标人所留联系方式无法联系上、在限定时间内投标人不参加询问核实或未出具答复意见的除外)。

(三)评标价的确定

评标价 = 投标函(或报价函)文字报价

(四)评标基准价的计算

采用"技术通过制的综合评估法(合理低价法)"和"技术打分制的综合评估法(综合评分法)"时,应设置评标基准价。

评标基准价由评标委员会计算、复核并签字确认。除计算差错外,确认后的评标基准价在本次招标期间保持不变。计算差错,仅限于以下两种情况:(1)纯算术性四则运算差错;(2)未按约定的计算方法,多计或少计投标人报价。由于评标差错,导致否决投标错误,重新评标纠正等其他情况,不属于计算差错。

评标基准价按以下公式计算:

$$C = [A \times K + B \times (1 - K)](100 - i)/100$$

式中:

C 为评标基准价;

A 为招标人的最高投标限价[最高投标限价以招标人报造价主管部门备案的工程量清单预算再乘以随机抽取的调整系数来确定;在投标截止期15日前公布三个连续值(从0.92、0.93、0.94、0.95、0.96、0.97六个值中选择三个连续值),开标时随机抽取其中一值作为调整系数];

B 值:采用"技术通过制的综合评估法(合理低价法)"的,应在开标时从下述两种方案中随机抽取;采用"技术打分制的综合评估法(综合评分法)"的,由招标人在下述两种方案中选取一种,并在招标文件中明确;

K 为复合系数(开标时从0.30、0.35、0.40三个值中随机抽取一个值);

i 为下浮系数(开标时从____、____、____三个连续值①中随机抽取一个值)。

1. B 值计算方案一

所有通过第一个信封评审及第二个信封初步评审的投标人评标价,根据下述区段

---

① 下浮系数从0.5、1、1.5、2、2.5、3、3.5、4、4.5、5十个值中视项目情况取三个连续值,并在招标文件中明确。

计算区段平均值(区段内各投标人评标价的算术平均值),再将计算得出的区段平均值进行加权平均,得出的投标人评标价二次平均值即为 B 值。

区　　段	区段平均值	二次平均值
$A \times 0.97 <$ 投标人评标价 $\leq A$	A_1	
$A \times 0.95 <$ 投标人评标价 $\leq A \times 0.97$	A_2	
$A \times 0.94 <$ 投标人评标价 $\leq A \times 0.95$	A_3	
$A \times 0.93 <$ 投标人评标价 $\leq A \times 0.94$	A_4	
$A \times 0.92 <$ 投标人评标价 $\leq A \times 0.93$	A_5	
$A \times 0.91 <$ 投标人评标价 $\leq A \times 0.92$	A_6	B 为 $A_1 \sim A_{15}$ 的加权平均值(A_1 和 A_{15} 权重为 0.3,其余权重为 1.0)。
$A \times 0.90 <$ 投标人评标价 $\leq A \times 0.91$	A_7	
$A \times 0.89 <$ 投标人评标价 $\leq A \times 0.90$	A_8	
$A \times 0.88 <$ 投标人评标价 $\leq A \times 0.89$	A_9	若某区段无投标人评标价,则该区段不计区段平均值
$A \times 0.87 <$ 投标人评标价 $\leq A \times 0.88$	A_{10}	
$A \times 0.86 <$ 投标人评标价 $\leq A \times 0.87$	A_{11}	
$A \times 0.85 <$ 投标人评标价 $\leq A \times 0.86$	A_{12}	
$A \times 0.83 <$ 投标人评标价 $\leq A \times 0.85$	A_{13}	
$A \times 0.80 <$ 投标人评标价 $\leq A \times 0.83$	A_{14}	
投标人评标价 $\leq A \times 0.80$	A_{15}	

2. B 值计算方案二

所有通过第一个信封评审及第二个信封初步评审的投标人评标价从高到低排序,最高投标限价 97%(含)以上和最高投标限价 80%(含)以下的评标价各计算一个算术平均值,再与其余投标人评标价计算算术平均值。

即:评标价 $\geq 0.97 \times A$ 的投标人评标价计算算术平均值 A_0,评标价 $\leq 0.80 \times A$ 的投标人评标价计算算术平均值 A_1,将 A_0、A_1 和其余投标人评标价计算算术平均值即为 B 值。若 A_0 或 A_1 计算区间为空,则相应的 A_0 或 A_1 值不参与 B 值计算。

(五)工程量清单预算、下浮系数三个连续值及调整系数三个连续值应在招标文件中明确。

(六)各标段评标基准价计算方案、随机抽取的系数应分别抽取。

五、合同条款及格式

(一)"通用合同条款"及"A. 公路工程专用合同条款"

"通用合同条款"全文引用国家九部委《标准施工招标文件》(2007 年版)内容,"A. 公路工程专用合同条款"全文引用交通运输部《公路工程标准施工招标文件》(2018 年版)内容。

(二)项目专用合同条款数据表

1. 项目专用合同条款数据表是项目专用合同条款中适用于本项目的信息和数据的

归纳与提示,是项目专用合同条款的组成部分。应与第九章"投标文件格式"的投标函附录中的数据一致。

2. 缺陷责任期。土建工程自实际交工日期起计算 2 年,机电工程自实际交工日期起计算 1 年,最长不超过 2 年。

3. 逾期交工违约金。一般为 1‰~2‰签约合同价/天(不超过 50 万元/天),逾期交工违约金限额一般应为 10%签约合同价。

4. 承包人不得随意提出提前交工的建议,发包人不得随意要求承包人提前交工。

5. 物价波动引起的价格调整。发包人应充分考虑材料价格波动风险,在招标文件中合理设置建筑材料价格的调整条款、风险防控幅度以及超过可预见风险范围以外的调整办法。用于永久性工程的主要材料(包括地方材料)的合同价格一般应进行调整。价格调整应参照省交通运输厅有关规定,宜采用合同条款中的"16.1.2 采用造价信息调整价格差额"。

6. 开工预付款的金额。一般应为 10%签约合同价。

7. 材料、设备预付款比例。发包人应给承包人支付一定比例的材料、设备预付款,以供承包人购进将用于和安装在永久工程中的主要材料、设备,其支付比例最低不少于 60%。主要材料(钢材、水泥、沥青、地方材料等)由招标人酌定。没有特殊情况,招标人不得取消或减少材料、设备预付款的比例。

8. 安全生产费。安全生产费用宜为招标人公布的工程量清单预算的 2%。

9. 质量保证金。交工验收证书签发后 14 天内,承包人应向发包人缴纳质量保证金。质量保证金可采用银行保函、保险公司保函、融资担保公司保函或现金、支票形式,由承包人自行选择。金额为 1.5%合同价格。

(三)项目专用合同条款

1. "项目专用合同条款"根据项目的特点和实际需要,对"通用合同条款""A.公路工程专用合同条款"进行补充、细化或约定,应对照"通用合同条款""A.公路工程专用合同条款"中同一编号的条款一起阅读和理解。

2. "项目专用合同条款"应对农民工工资支付、承包人安全责任、环境保护、变更、价格调整等内容进行补充、细化或约定。

3. 违约处理

为了确保工程的实施,督促承包人、发包人认真履行合同,有必要在"项目专用合同条款"中以课以违约金等的方式对承包人、发包人的违约行为予以处理。

所有需要对承包人作违约处理的条款应在"承包人违约的情形"中予以明确,相对应的对违约的处理应在"对承包人违约的处理"中逐条明确。主要违约处理统一规定如下:

(1)若违反关于工程质量必须达到竣工验收的质量评定要求的,则课以不超过 1%签约合同价的违约金。

(2)项目经理或项目技术负责人未经发包人同意擅自离开工地,每天课以不超过

3000元/人的违约金,若每月在工地天数不足20天(特殊情况经监理人批准报发包人同意例外)者,每不足一天额外课以不超过1000元/人的违约金;承包人未经发包人书面同意更换项目经理和项目技术负责人课以不超过50万元/人次的违约金,更换其他主要管理人员、技术骨干课以不超过10万元/人次的违约金。

(3)若违反资金管理的规定,移用或挪用本合同资金,则课以移(挪)用资金10%的违约金。

(4)在合同实施期间发现承包人在投标时提供了虚假材料的,课以不超过2%签约合同价的违约金,并报相应交通运输主管部门按有关规定处理。

(5)对合同实施期间可能多次发生的违约情形,应对每次发生违约的处理金额予以明确,但总额不应超过相关规定。

所有需要对发包人作违约处理的条款应在"发包人违约的情形"中予以明确,相对应的对违约的处理应在合同条款中明确。

4. 合同附件格式

为了加强公路工程建设项目的廉政、安全、工程质量、工程资金的管理,发包人与承包人在签订工程合同协议书的同时必须签订廉政合同、安全生产合同、工程质量责任合同、工程资金监管协议。上述合同的格式应附在招标文件中。房建工程还应签署保修合同,明确保修责任。

六、工程量清单

由招标人根据招标项目具体特点和实际需要编制,并与"投标人须知""通用合同条款""专用合同条款""技术规范""工程量清单计量规则""图纸"相衔接。

七、图纸

由招标人根据招标项目具体特点和实际需要编制,并与"投标人须知""通用合同条款""专用合同条款""技术规范"相衔接。

八、技术规范

由招标人根据招标项目具体特点和实际需要编制。"技术规范"可由"通用技术规范"和"项目专用技术规范"组成。"通用技术规范"不加修改地引用了《公路工程标准施工招标文件》(2018年版·第二册)的内容,"项目专用技术规范"由招标人根据《示范文本》、招标项目具体特点和实际需要编制。"项目专用技术规范"条款项目的编号应与相应的"通用技术规范"编号相一致。"通用技术规范"没规定的专用工程技术要求可依次补充相关章节。"技术规范"中的各项技术标准应符合国家强制性标准,不得要求或标明某一特定的专利、商标、名称、设计、原产地或生产供应者,不得含有倾向或者排斥潜在投标人的其他内容。如果必须引用某一生产供应者的技术标准才能准确或清楚地说明拟招标项目的技术标准时,则应在参照后面加上"或相当于"字样。

九、工程量清单计量规则

由招标人根据《示范文本》、招标项目具体特点和实际,按照浙江省市场监督管理局发布《交通建设工程工程量清单计价规范 第1部分:公路工程》(DB33/T 628.1—

2021）编制。

十、投标文件格式

由招标人根据《示范文本》、招标项目具体特点和实际需要编制。

十一、电子盖章说明

投标文件格式中要求法定代表人（或其授权的代理人）签字或盖章的，电子投标文件应使用CA数字证书加盖法定代表人个人电子印章；投标文件格式中要求投标人盖章的，电子投标文件应使用CA数字证书加盖投标人单位电子印章。

十二、投诉处理

（一）潜在投标人或者其他利害关系人对招标文件有异议的，应当在投标截止时间10日前提出。招标人应当自收到异议之日起3日内作出答复；作出答复前，应当暂停招标投标活动。

（二）投标人对开标有异议的，应当在开标现场提出，招标人应当当场作出答复，并制作记录。

（三）投标人或者其他利害关系人对依法必须进行招标的项目的评标结果有异议的，应当在中标候选人公示期间提出。招标人应当自收到异议之日起3日内作出答复；作出答复前，应当暂停招标投标活动。

（四）投标人或者其他利害关系人认为招标投标活动不符合法律、行政法规规定的，可以自知道或者应当知道之日起10日内向有关行政监督部门投诉。投诉应当有明确的请求和必要的证明材料。

就上述（一）、（二）、（三）项进行投诉的，应当先向招标人提出异议，异议答复期间不计算在前款规定的期限内。

浙 江 省

_____(项目名称)_____标段施工招标

招 标 文 件

招 标 人：_____

招标代理：_____

日　　期：_____年____月____日

说　　明

一、浙江省_____（项目名称）_____标段施工招标文件以《中华人民共和国招标投标法》《中华人民共和国招标投标法实施条例》《浙江省招标投标条例》、国家九部委《标准施工招标文件》(2007年版)、交通运输部《公路工程标准施工招标文件》(2018年版)及《浙江省公路工程施工招标文件示范文本》(2022年版)为依据，结合本项目的特点和实际需要编制而成。

招标文件引用了《标准施工招标文件》和《公路工程标准施工招标文件》中的"投标人须知""评标办法""通用合同条款""A.公路工程专用合同条款"正文。

二、《标准施工招标文件》《公路工程标准施工招标文件》中"投标人须知""评标办法""通用合同条款""A.公路工程专用合同条款"是必须遵循的通用条款和规定，针对本项目的具体特点和实际情况：

在"投标人须知前附表"和"评标办法前附表"中对"投标人须知""评标办法"进行了补充、细化。

在"B.项目专用合同条款"中，对"通用合同条款""A.公路工程专用合同条款"进行了补充、细化或约定。

三、招标文件中的"通用技术规范"直接引用了《公路工程标准施工招标文件》(2018年版·第二册)技术规范。

根据本项目的具体特点和实际需要，在"项目专用技术规范"中对"通用技术规范"进行了补充和修改。

四、"工程量清单计量规则"按照浙江省地方标准《交通建设工程工程量清单计价规范　第1部分：公路工程》(DB 33/T 628.1—2021)编制。

五、投标人应按招标文件的要求认真编制投标文件，完整地响应招标文件的规定和内容，避免投标文件因不能通过评审而被拒绝。

六、《标准施工招标文件》《公路工程标准施工招标文件》《交通建设工程工程量清单计价规范　第1部分：公路工程》(DB33/T 628.1—2021)、《浙江省公路工程施工招标文件示范文本》(2022年版)由投标人自备。

目 录①

第 一 卷

第一章 招标公告 ······ 3
1. 招标条件 ······ 5
2. 项目概况与招标范围 ······ 5
3. 投标人资格要求 ······ 5
4. 招标文件的获取 ······ 6
5. 投标文件的递交及相关事宜 ······ 6
6. 发布公告的媒介 ······ 7
7. 联系方式 ······ 7

第二章 投标人须知 ······ 9
投标人须知前附表 ······ 11
  附录1 资格审查条件(资质最低要求) ······ 27
  附录2 资格审查条件(财务最低要求) ······ 28
  附录3 资格审查条件(业绩最低要求) ······ 29
  附录4 资格审查条件(信誉最低要求) ······ 30
  附录5 资格审查条件(项目经理、项目技术负责人和安全负责人最低要求) ······ 31
  附录6 资格审查条件(其他主要管理人员和技术人员最低要求) ······ 32
  附录7 资格审查条件(主要机械设备和试验检测设备最低要求) ······ 33
1. 总则 ······ 34
2. 招标文件 ······ 38
3. 投标文件 ······ 39
4. 投标 ······ 43
5. 开标 ······ 44
6. 评标 ······ 44
7. 合同授予 ······ 45
8. 纪律和监督 ······ 47
9. 需要补充的其他内容 ······ 48
附表一:开标记录表 ······ 49
附表二:问题澄清通知 ······ 51

---

① 《示范文本》用相同序号标示的章、节、条、款、项、目,供招标人选择使用,招标人选择其中一种后,应删除其余序号相同的内容。

附表三：问题的澄清 …… 52
　　附表四：中标通知书 …… 53
　　附表五：中标结果通知书 …… 54
　　附表六：确认通知 …… 55

第三章　评标办法［技术通过制的综合评估法（合理低价法）］ …… 59
　评标办法前附表 …… 59
　1. 评标方法 …… 66
　2. 评审标准 …… 66
　3. 评标程序 …… 67

第三章　评标办法［技术打分制的综合评估法（综合评分法）］ …… 71
　评标办法前附表 …… 71
　1. 评标方法 …… 77
　2. 评审标准 …… 77
　3. 评标程序 …… 78

第三章　评标办法（经评审的最低投标价法） …… 82
　评标办法前附表 …… 82
　1. 评标方法 …… 85
　2. 评审标准 …… 85
　3. 评标程序 …… 86

第四章　合同条款及格式 …… 89
　第一节　通用合同条款 …… 91
　第二节　专用合同条款 …… 92
　　A. 公路工程专用合同条款 …… 93
　　B. 项目专用合同条款 …… 94
　　项目专用合同条款数据表 …… 95
　　项目专用合同条款 …… 98
　　　1. 一般约定 …… 98
　　　　1.1　词语定义 …… 98
　　　　1.4　合同文件的优先顺序 …… 98
　　　2. 发包人义务 …… 99
　　　　2.6　支付合同价款 …… 99
　　　　2.8　其他义务 …… 99
　　　4. 承包人 …… 99
　　　　4.1　承包人的一般义务 …… 99
　　　　4.3　分包 …… 102
　　　　4.6　承包人人员的管理 …… 103

- 4.8 保障承包人人员的合法权益 ··· 103
- 4.11 不利物质条件 ··· 103
6. 施工设备和临时设施 ··· 103
- 6.1 承包人提供的施工设备和临时设施 ······································ 103
- 6.3 要求承包人增加或更换施工设备 ·· 104
7. 交通运输 ··· 104
- 7.2 场内施工道路 ··· 104
9. 施工安全、治安保卫和环境保护 ··· 104
- 9.2 承包人的施工安全责任 ·· 104
- 9.4 环境保护 ··· 106
10. 进度计划 ··· 106
- 10.1 合同进度计划 ··· 106
- 10.5 季度计划、月度计划、旬计划 ·· 107
11. 开工和交工 ··· 107
- 11.4 异常恶劣的气候条件 ·· 107
12. 暂停施工 ··· 107
- 12.1 承包人暂停施工的责任 ·· 107
13. 工程质量 ··· 108
- 13.1 工程质量要求 ··· 108
- 13.2 承包人的质量管理 ·· 108
- 13.5 工程隐蔽部位覆盖前的检查 ·· 108
- 13.7 质量抽检 ··· 108
14. 试验和检验 ··· 108
- 14.1 材料、工程设备和工程的试验和检验 ································ 108
15. 变更 ··· 109
- 15.3 变更程序 ··· 109
- 15.4 变更的估价原则 ·· 109
16. 价格调整 ··· 110
- 16.1 物价波动引起的价格调整 ·· 110
17. 计量与支付 ··· 111
- 17.1 计量 ··· 111
- 17.3 工程进度付款 ··· 111
- 17.4 质量保证金 ··· 111
18. 交工验收 ··· 111
- 18.9 竣工文件 ··· 111
- 18.10 工程档案管理 ··· 112

20. 保险		112
20.2 人员工伤事故的保险		112
20.5 其他保险		112
20.6 对各项保险的一般要求		113
21. 不可抗力		113
21.1 不可抗力的确认		113
22. 违约		113
22.1 承包人违约		113
22.2 发包人违约		115

  第三节 合同附件格式 ······ 117
    附件一 合同协议书 ······ 118
    附件二 廉政合同 ······ 120
    附件三 安全生产合同 ······ 122
    附件四 其他管理和技术人员最低要求 ······ 125
    附件五 主要机械设备和试验检测设备最低要求 ······ 126
    附件六 项目经理委任书 ······ 127
    附件七 履约保证金格式 ······ 128
    附件八 发包人支付担保格式 ······ 129
    附件九 工程资金监管协议格式 ······ 131
    附件十 工程质量责任合同 ······ 133
    附件十一 项目图纸资料保密承诺书格式 ······ 135
    附件十二 相关人员在职承诺书格式 ······ 136

第五章 工程量清单 ······ 137

第 二 卷

第六章 图纸（另册） ······ 143

第 三 卷

第七章 技术规范 ······ 147
 （一）通用技术规范 ······ 149
 （二）项目专用技术规范 ······ 150
   第100章 总则 ······ 153
    第101节 通则 ······ 153
    第102节 工程管理 ······ 153

第 103 节　临时工程与设施 ……………………………………………………… 156
第 105 节　施工标准化 …………………………………………………………… 156

第 200 章　路基 ……………………………………………………………………… 158
第 201 节　通则 …………………………………………………………………… 158
第 203 节　挖方路基 ……………………………………………………………… 159
第 204 节　填方路基 ……………………………………………………………… 160
第 216 节　路基不均匀沉降的防治 ……………………………………………… 160

第 300 章　路面 ……………………………………………………………………… 163
第 301 节　通则 …………………………………………………………………… 163
第 304 节　水泥稳定土底基层、基层 …………………………………………… 163
第 311 节　改性沥青及改性沥青混合料 ………………………………………… 163
第 314 节　路面及中央分隔带排水 ……………………………………………… 164

第 400 章　桥梁、涵洞 ……………………………………………………………… 165
第 401 节　通则 …………………………………………………………………… 165
第 403 节　钢筋 …………………………………………………………………… 167
第 404 节　基础挖方及回填 ……………………………………………………… 171
第 405 节　钻孔灌注桩 …………………………………………………………… 172
第 410 节　结构混凝土工程 ……………………………………………………… 173
第 411 节　预应力混凝土工程 …………………………………………………… 175
第 412 节　预制构件的安装 ……………………………………………………… 183
第 415 节　桥面铺装 ……………………………………………………………… 185
第 416 节　桥梁支座 ……………………………………………………………… 186
第 419 节　圆管涵及倒虹吸管涵 ………………………………………………… 186
第 422 节　桥头跳车的防治 ……………………………………………………… 186

第 500 章　隧道 ……………………………………………………………………… 189
第 501 节　通则 …………………………………………………………………… 189
第 502 节　洞口与明洞工程 ……………………………………………………… 189
第 503 节　洞身开挖 ……………………………………………………………… 189

第 600 章　安全设施及预埋管线 …………………………………………………… 190
第 601 节　通则 …………………………………………………………………… 190
第 602 节　护栏 …………………………………………………………………… 190

第 700 章　绿化及环境保护设施 …………………………………………………… 192
第 701 节　通则 …………………………………………………………………… 192
第 702 节　铺设表土 ……………………………………………………………… 192
第 703 节　撒播草种和铺植草皮 ………………………………………………… 192
第 704 节　种植乔木、灌木和攀缘植物 ………………………………………… 193

第八章　工程量清单计量规则 ……………………………………………………… 195

第 四 卷

第九章 投标文件格式 ·· 201

投标文件[第一个信封(商务及技术文件)] ·· 203

目录 ··· 205

一、投标函及投标函附录 ·· 207
  (一)投标函 ·· 207
  (二)投标函附录 ··· 208

二、授权委托书或法定代表人身份证明 ··· 209
  (一)授权委托书 ··· 209
  (二)法定代表人身份证明 ·· 210

三、联合体协议书 ··· 211

四、投标保证金 ·· 212

五、施工组织设计 ··· 213
  附表一　施工总体计划表 ·· 215
  附表二　分项工程进度率计划(斜率图) ··· 216
  附表三　工程管理曲线 ··· 217
  附表四　分项工程生产率和施工周期表 ·· 218
  附表五　施工总平面图 ··· 219
  附表六　劳动力计划表 ··· 220
  附表七　临时占地计划表 ·· 221
  附表八　外供电力需求计划表 ·· 222

六、项目管理机构 ··· 223

七、拟分包项目情况表 ·· 224

八、资格审查资料 ··· 225
  (一)投标人基本情况表 ·· 225
  (二)投标人企业组织机构框图 ·· 226
  (三)近年财务状况表 ··· 227
  (四)近年完成的类似项目情况表 ·· 231
  (五)投标人的信誉情况表 ··· 232
  (六)拟委任的项目经理、项目技术负责人和安全负责人资历表 ···················· 233
  (七)拟委任的其他主要管理人员和技术人员汇总表 ···································· 234
  (八)拟委任的其他管理人员和技术人员资历表 ·· 235
  (九)拟投入本标段的主要施工机械表 ··· 236
  (十)拟配备本标段的主要材料试验、测量、质检仪器设备表 ······················· 237
  (十一)信用信息一览表 ·· 238

（十二）履约行为表 …………………………………………… 239
九、承诺函 ………………………………………………………… 240
十、其他材料 ……………………………………………………… 241
投标文件[第二个信封(报价文件)] ……………………………… 243
目录 ………………………………………………………………… 245
一、投标函 ………………………………………………………… 247
二、已标价工程量清单 …………………………………………… 248
三、合同用款估算表 ……………………………………………… 249

第一卷

第一章 招标公告

第一章 招标公告[①]

_____（项目名称）_____标段施工招标公告

1. 招标条件

本招标项目_____(项目名称)已由_____(项目审批、核准或备案机关名称)以_____(批文名称及编号)批准建设,施工图设计已由_____(批准机关名称)以_____(批文名称及编号)批准,项目业主为_____,建设资金来自_____(资金来源),资金已落实,招标人为_____,招标代理机构为_____。项目已具备招标条件,现对该项目的施工进行公开招标,实行资格后审。主要工程数量和资格审查条件(最低要求)详见_____。

2. 项目概况与招标范围

_____

(说明本次招标项目的建设地点、规模、技术标准、计划工期、概算造价、招标范围、标段划分、主要结构形式等)。

3. 投标人资格要求

3.1 本次招标要求投标人须具备_____资质,_____业绩,并在人员、设备、资金等方面具有相应的施工能力。

具有公路工程施工总承包特级、一级资质及交通工程专业承包资质的投标人应进入交通运输部"全国公路建设市场信用信息管理系统(http://glxy.mot.gov.cn)"中的公路工程施工资质企业名录,且投标人名称和资质与该名录中的相应企业名称和资质完全一致。

☐3.2 本次招标不接受联合体投标。
☐3.2 本次招标接受联合体投标。

[①] 示范文本中以"浙江省公共资源交易中心电子招投标交易平台"为例,招标文件的获取、递交等内容可根据"电子交易平台"不同作相应修改。

联合体投标的,应满足下列要求:_____。

☐3.3 根据浙江省交通运输厅公布的信用评价结果(以投标截止时间有效的信用评价结果为准),投标截止日为 AA 级信用等级的投标人,最多可参加 2 个标段的投标(最多只能中 1 个标段),其他企业可参加 1 个标段的投标,否则相关投标均无效。①

☐3.3 投标人可参加 1 个标段的投标,否则作否决投标处理。②

3.4 与招标人存在利害关系可能影响招标公正性的单位,不得参加投标。单位负责人为同一人或者存在控股(含法定代表人控股)、管理关系的不同单位,不得参加同一标段的投标,否则,相关投标均无效。

3.5 在"信用中国"网站(http://www.creditchina.gov.cn/)中被列入失信被执行人名单的投标人,不得参加投标。

3.6 其他要求:_____。

4. 招标文件的获取③

4.1 本项目招标文件和补遗书(补充、答疑、澄清)文件以网上下载方式发放。

4.2 招标文件网上下载时间:_____至_____。

4.3 潜在投标人可凭本企业 CA 数字证书登录"浙江省公共资源交易中心电子招投标交易平台"(以下简称"电子交易平台")(网址:http://www.zmctc.com),在本公告下方下载招标文件和补遗书。参加多个标段投标的投标人必须分别下载相应标段的招标文件,并对每个标段单独递交投标文件。

4.4 未取得浙江省公共资源交易中心 CA 数字证书的潜在投标人,应先办理交易主体注册手续,取得浙江省公共资源交易中心 CA 数字证书,具体登记办法请登录"电子交易平台"→"交易主体注册"栏目进行操作。

4.5 潜在投标人对招标文件有疑问的,通过"电子交易平台"提交。提交疑问截止日为_____16:30(北京时间,下同)。招标人将于_____在网上发布补遗书。潜在投标人应自行关注网站公告,招标人不再一一通知。投标人因自身贻误行为导致投标失败的,责任自负。

5. 投标文件的递交及相关事宜④

☐5.1 招标人不组织工程现场踏勘,不召开投标预备会。

---

① 土建、交安、机电多个标段同时招标时适用。在《浙江省公路水运建设工程从业主体信用评价管理细则》施行且发布首次信用评价结果后,本条修改为:根据浙江省交通运输厅公布的信用评价结果(以投标截止时间有效的信用评价结果为准),投标截止日当期及上一期均为 AA 级信用等级的投标人,最多可参加 2 个标段的投标(最多只能中 1 个标段),其他企业可参加 1 个标段的投标,否则相关投标均无效。
② 房建等投标人未参加浙江省交通运输厅信用评价招标时适用。
③ 有关行政监督部门另有规定的,可从其规定。
④ 有关行政监督部门另有规定的,可从其规定。

第一章 招标公告

☐5.1 招标人将于下列时间和地点组织进行工程现场踏勘并召开投标预备会。
踏勘现场时间：_____,集中地点：_____;
投标预备会时间：_____,地点：_____。

5.2 投标文件递交截止时间：_____。[①]

5.3 投标文件递交方式：电子投标文件采用网上递交的方式，上传至"电子交易平台"。本次招标不需提供纸质投标文件。

5.4 超过投标截止时间未完成上传的投标文件，"电子交易平台"将不予受理。

6. 发布公告的媒介

本次招标公告同时在浙江交通网（http://jtyst.zj.gov.cn）、_____
上发布。

招标文件下载地址：_____。
补遗书下载地址：_____。

7. 联系方式

招　标　人：_____	招标代理机构：_____
地　　　址：_____	地　　　址：_____
邮政编码：_____	邮政编码：_____
联　系　人：_____	联　系　人：_____
电　　　话：_____	电　　　话：_____
电子邮件：_____	电子邮件：_____
传　　　真：_____	传　　　真：_____
日　　　期：_____	

[①] 依法必须进行招标的公路工程，自招标文件开始发售之日起至投标人递交投标文件截止之日止，不得少于20日。

第二章　投标人须知

第二章　投标人须知

投标人须知前附表[①]

条款号	条款名称	编列内容
1.1.2	招标人	名　称：_____ 地　址：_____ 联系人：_____ 电　话：_____ 传　真：_____
1.1.3	招标代理机构	名　称：_____ 地　址：_____ 联系人：_____ 电　话：_____ 传　真：_____
1.1.4	招标项目名称	_____
1.1.5	标段建设地点	_____
1.2.1	资金来源及比例	_____
1.2.2	资金落实情况	已落实
1.3.1	招标范围	_____
1.3.2	计划工期	计划工期：____日历天 计划开工日期：____年___月___日 计划交工日期：____年___月___日 节点工期要求：_____
1.3.3	质量要求	标段工程交工验收的质量评定：合格 标段工程竣工验收的质量评定：90分及以上
1.3.4	安全目标	不发生较大及以上生产安全责任事故

[①] 示范文本中以"浙江省公共资源交易中心电子招投标交易平台"为例,可根据交易场所及"电子交易平台"不同作相应修改。

续上表

条款号	条款名称	编列内容
1.4.1	投标人资质条件、能力和信誉	资质要求：见附录1 财务要求：见附录2 业绩要求：见附录3 信誉要求：见附录4 项目经理、项目技术负责人和安全负责人资格：见附录5 其他要求：_____
1.4.2	是否接受联合体投标	□不接受 □接受，应满足以下要求： (1)联合体所有成员数量不得超过____家； (2)联合体牵头人应具有_____资质； (3)_____。
1.4.3	投标人不得存在的其他关联情形	_____
1.4.4	投标人不得存在下列不良信用记录	有行贿犯罪行为的时间： ____年__月__日以来① 投标人不得存在的其他不良状况或不良信用记录： _____
1.10.2	投标预备会投标人提出问题②	投标人提出问题的截止时间：投标预备会召开时间前 提出疑问的方式：通过"电子交易平台"→"业务管理"→"网上提问"在线提出
1.11.1	分包	不得分包的工程内容为：_____ 分包应符合交通运输部《关于印发公路工程施工分包管理办法的通知》及浙江省交通运输厅《浙江省公路水运工程施工分包和劳务合作管理实施细则》有关分包管理的规定。 分包的其他规定：_____

① 近三年，上半年发布招标公告的，统一为"____年1月1日以来"；下半年发布招标公告的，统一为"____年7月1日以来"。
② 不召开投标预备会的，编列内容修改为"/"。

第二章 投标人须知

续上表

条款号	条款名称	编列内容
2.1	构成招标文件的其他材料	招标人按规定报备后的标有编号的补遗书（如有）
2.2.1	投标人要求澄清招标文件	提出疑问的方式：通过"电子交易平台"→"业务管理"→"网上提问"在线提出 提出疑问的截止时间：见招标公告
3.1.1	投标文件密封形式	双信封
3.1.1	构成投标文件的其他资料	
3.1.4	已标价工程量清单电子版	已标价工程量清单电子版制作说明： (1)将已下载的招标文件中的工程量清单文件（excel格式）导入计价软件，完成工程量清单制作； (2)从计价软件导出已制作好的已标价工程量清单文件（excel格式）； (3)将已标价的工程量清单文件导入投标文件制作工具。
3.2.1	增值税税金的计算方法	一般计税法
3.2.1	工程量清单的填写方式	投标人按照招标人网上提供的书面工程量清单（电子版）填写工程量清单
3.2.3	报价方式	单价
3.2.8	最高投标限价	最高投标限价以招标人报造价主管部门备案后的以施工图预算为基础的工程量清单预算，再乘以随机抽取的调整系数来确定。 工程量清单预算为_____元。① 开标时从三个连续值（_____、_____、_____②）中随机抽取其中一值作为调整系数。
3.2.9	投标报价的其他要求	_____

---

① 工程量清单预算应在招标文件中公布，或以补遗书形式在投标截止日期15天前公布。
② 从0.92、0.93、0.94、0.95、0.96、0.97六个值中确定三个连续值。

续上表

条款号	条款名称	编列内容
3.3.1	投标有效期	自投标人提交投标文件截止之日起计算90天
3.4.1	投标保证金的递交①	□不要求递交投标保证金 □要求递交投标保证金 □根据浙江省交通运输厅公布的浙江省公路工程施工企业信用评价结果(以投标截止日有效的信用等级为准),公路施工企业信用评价结果(专业:_____)为 AA 级的投标人,可免交投标保证金。② 本项目的投标保证金委托浙江省公共资源交易中心投标保证金电子收付平台("招投标银保通")统一收付,具体操作见"电子交易平台"。 专户名称:_____ 专户账号:_____ 开户银行:_____ (1)投标保证金的金额:不少于_____万元。 (2)投标保证金有效期:投标保证金有效期与投标有效期一致。 (3)投标保证金的缴存方式:银行转账、银行保函、保险公司投标保证保险或浙江省招标投标协会出具的"投标保证金联保证明"。 a.银行转账:柜面转账(电汇)、网银支付。 注:银行转账形式缴存的投标保证金应当从其基本账户或投标专用账户转出。 b.银行保函:"招投标银保通"平台认可的银行保函,且保险责任最高限额不得少于本次投标保证金金额,保函有效期不少于____个日历天(从投标截止日起算)。 c.投标保证保险:通过省交易中心电子招投标交易平台购买投标保证保险,且保险金额不得少于本次投标保证金金额,绝对免赔率为0,保险期间不少于____个日历天(从投标截止之日起算)。

---

① 投标保证金不得超过招标项目标段工程量清单预算的2%,且不超过50万元。
② 政府投资项目、国有资金占主导地位的项目、PPP项目施工招标应允许符合条件的投标人免交投标保证金,并在招标文件中明确。与信用等级相关联的企业资质应与招标资格审查条件(资质最低要求)相适应。

续上表

条款号	条款名称	编列内容
3.4.1	投标保证金的递交	d.保证金联保:浙江省招标投标协会出具的"投标保证金联保证明",并在"招投标银保通"平台显示"已关联"。 (4)投标保证金的缴存时间: 投标人须在投标截止日前一天的22:00(北京时间)前一次性足额将投标保证金缴存至省交易中心投标保证金专户,并与投标项目(标段)关联成功,否则视为未按招标文件要求缴纳投标保证金。 采用投标专用账户的,该账户的资金来源必须为投标人基本账户,资金转入24小时后方可用于缴存投标保证金,以便开户银行查验资金来源。对来自非基本账户的资金,不得用于缴存投标保证金,开户银行将予以拒收或原路退还。 咨询电话:0571-85215195,85215132,95533转人工服务 协会联保:0571-81060872
3.4.3	投标保证金的退还	(1)投标人在项目关联成功后,若出现投标撤回、没有按招标文件规定递交投标文件、保证金金额不足、投标人不足三家等情形,"招投标银保通"平台在开标(投标截止)后的第二个工作日自动退还投标人的投标保证金。 (2)中标候选人公示完成后10日,"招投标银保通"平台自动退还中标候选人以外的投标保证金。 (3)招标人将中标结果报省交易中心登记后,"招投标银保通"平台自动退还除中标人外的其他候选人的投标保证金。 (4)招标人将中标合同报浙江省招标投标管理中心(以下简称省招管中心)备案后,"招投标银保通"平台自动退还中标人的投标保证金。

续上表

条款号	条款名称	编列内容
3.4.3	投标保证金的退还	(5)投标人缴纳保证金后,由于各种原因未与投标项目(标段)关联成功的,由投标人在网上自行办理退款,"招投标银保通"平台自动核对后沿原路退回交款账户。 (6)招标项目终止的,保证金按以下规则退还: a.尚未开标的项目,"招投标银保通"平台在投标截止时间后的第二个工作日自动退还所有该项目已收到的投标保证金。 b.已开标的项目,除招标人按招标文件规定的要求提出不予退还外,其他投标人的保证金,"招投标银保通"平台在收到招标人发出项目终止指令后的第二个工作日自动退还。 (7)遇下列情形时,"招投标银保通"平台将暂缓退还相关投标人保证金: a.招标项目(标段)发生投诉的,暂缓退还该项目所有投标人的保证金且投标保证金的退还时间不受保证金有效期约束。投诉人通过电子交易平台向招投标行政监督部门递交投诉书的,暂缓退还自电子交易平台收到投诉书的当天生效;投诉人通过电子交易平台以外的方式向招投标行政监督部门递交投诉书的,暂缓退还自电子交易平台收到招标人暂缓退还指令时生效。 b.因投标人违反招标文件约定,招标人要求暂缓退还相关投标人保证金的。 (8)出现投诉的招标项目(标段),投诉处理完毕后,除招标人要求不予退还的以及已同意延长有效期的投标人的保证金以外,其余投标人保证金在电子交易平台收到招标人退还指令后的第二个工作日自动退还。 (9)投标保证金有效期到期前,招标人认为有必要延长投标有效期的,应在投标有效期内将希望延长有效期的意向书面通知所有投标人。投标人同意延长的,投标保证金有效期按延长后计算。招标人应将同意延长有效期的投标人名单及延长期限告知省交易中心登记,同时送省招管中心备案。

第二章 投标人须知

续上表

条款号	条款名称	编列内容
3.4.3	投标保证金的退还	(10)除招标人决定不予退还的、投标人同意延长有效期的、投标人因自身原因提出暂缓退还的以及因投诉处理需暂缓退还的投标保证金外,其余投标保证金在原投标有效期到期后第二个工作日自动退还。 (11)投标人在投标期间银行基本账户发生变化时,应及时到省交易中心办理变更登记,以确保投标保证金及时准确地退还。 (12)投标保证金退还时,同时退还银行同期存款利息。
3.4.4	投标保证金不予退还的情形	(1)投标人在投标有效期内撤销或修改其投标文件。 (2)中标人无正当理由不与招标人订立合同,或在签订合同时向招标人提出附加条件,或未按招标文件要求提交履约保证金的。 (3)经查实,投标人在投标过程中串通投标或弄虚作假的。 □(4)拟派项目经理在投标截止日有在其他在建合同工程上担任项目负责人(包括设计施工总承包项目中的施工负责人)的情形。 出现上述不予退还情形的,招标人告知省交易中心登记后,"招投标银保通"平台将自动划转其投标保证金及银行同期存款利息至招标人指定账户,不再退还给投标人。
3.5	资格审查资料的特殊要求	□无 □有,具体要求:_____
3.5.1	投标人基本情况表应附资料	投标人基本情况表应附: (1)企业法人营业执照副本和组织机构代码证副本(按照"三证合一"或"五证合一"登记制度进行登记的,可仅提供营业执照副本,下同)扫描件; (2)施工资质证书副本扫描件; (3)安全生产许可证副本扫描件;

续上表

条款号	条款名称	编列内容
3.5.1	投标人基本情况表应附资料	(4)基本账户开户许可证(或银行出具的基本账户存款证明或基本存款账户信息)的扫描件; (5)投标人在交通运输部"全国公路建设市场信用信息管理系统"(http://glxy.mot.gov.cn)从业企业查询(输入从业单位名称或统一社会信用代码查询)网页截图; (6)投标人在国家企业信用信息公示系统中基础信息(体现股东及出资详细信息)的网页截图或由法定的社会验资机构出具的验资报告或注册地市场监督部门出具的股东出资情况证明扫描件。 企业法人营业执照副本和组织机构代码证副本、施工资质证书副本、安全生产许可证副本、基本账户开户许可证(或银行出具的基本账户存款证明或基本存款账户信息)的扫描件应提供全本(证书封面、封底、空白页除外),应包括投标人名称、投标人其他相关信息、颁发机构名称、投标人信息变更情况等关键页在内,并逐页加盖投标人单位电子公章。 其他说明:_____。
3.5.2	财务状况表	□无须提供 □提供,要求的年份:_____年、_____年、_____年
3.5.3	近年完成的类似项目的年份要求及需附资料	年份:自_____年___月1日以来 "近年完成的类似项目情况表"应附: (1)从"浙江省交通运输信用综合管理服务系统"中打印的含有系统水印的《主要业绩信息一览表》; (2)中标通知书复印件; (3)合同协议书复印件; (4)质量证明文件[由发包人出具的公路工程(标段)交工验收证书或竣工验收委员会出具的公路工程竣工验收鉴定书或质量监督机构对各参建单位签发的工作综合评价等级证书]的复印件。

续上表

条款号	条 款 名 称	编 列 内 容
3.5.3	近年完成的类似项目的年份要求及需附资料	房建等附属设施招标时可不提供《主要业绩信息一览表》。 投标人提供的任一项类似项目《主要业绩信息一览表》中涉及本次招标资格审核与加分的相关信息与投标文件所附的业绩证明材料不一致的［投标人须知第1.12.3(4)目规定的细微偏差除外］,资格审查不予通过或不予加分,并报相应交通运输主管部门按有关规定进行处理。 《主要业绩信息一览表》中未体现资格审查或加分相关信息的,以所附证明材料为准。 工程规模解释顺序为:质量证明文件、合同协议书、中标通知书;如上述资料中均未体现工程规模、技术标准、主要工程内容的,必须附项目发包人或项目质量监督部门或项目所在地设区市行业主管部门出具的证明材料,否则业绩不予认可。 上述资料中的施工单位名称与投标人名称必须一致,否则业绩不予认可。以下情形除外: (1)施工单位名称发生变更的,但需提供法定部门的批准材料。 (2)_____(招标人认可的其他情形,应在招标文件中对相关业绩的认定标准和证明材料作出明确规定)。
3.5.5	拟委任的项目经理、项目技术负责人和安全负责人资历表应附资料	"拟委任的项目经理、项目技术负责人和安全负责人资历表"应附以下资料(扫描件): (1)项目经理:身份证、职称资格证书、有效期内的安全生产考核合格证书(B类)、建造师注册证书;项目技术负责人:身份证、职称资格证书、有效期内的安全生产考核合格证书(B类);安全负责人:身份证、有效期内的安全生产考核合格证书(C类)。 身份证应提供正反双面扫描件。 拟委任的项目经理的建造师注册证书、安全生产考核合格证书和项目技术负责人、安全负责人的安全生产考核合格证书上单位名称应与投标人名称一致。

续上表

条款号	条款名称	编列内容
3.5.5	拟委任的项目经理、项目技术负责人和安全负责人资历表应附资料	(2)项目经理相关业绩证明材料(担任类似项目的项目经理或项目副经理或项目技术负责人或设计施工总承包项目的施工负责人的中标通知书或合同协议书或质量证明文件),如上述资料中均未体现人员姓名、任职及业绩规模的,还须提供项目发包人或项目质量监督部门或项目所在地设区市行业主管部门出具的证明材料。 (3)项目经理若曾在其他在建合同工程中担任项目经理但已进行更换的,应附项目发包人的同意更换证明材料,否则更换前后的项目经理均视为有"在建合同工程"。
3.5.6	拟委任的其他管理和技术人员资历表应附资料	——
3.6.1	是否允许递交备选投标方案	不允许
3.7.3	投标文件的制作要求	(1)投标人应使用"电子交易平台"自带的"投标文件制作工具"制作生成投标文件。 (2)投标人在编制投标文件时应建立分级目录,并按照标签提示导入相关内容。 (3)投标文件中证明资料的"复印件"均为"原件的扫描件",应从"电子交易平台"会员诚信库中选择并进行超链接,未标示"复印件"的证明资料均应直接制作生成。 (4)投标文件中的已标价工程量清单数据文件应与招标人提供的工程量清单数据文件格式一致。 (5)第九章"投标文件格式"中要求盖单位章(或盖单位电子公章)和(或)签字(或盖法定代表人电子章)的地方,投标人均应使用CA数字证书加盖投标人的单位电子印章和(或)法定代表人的个人电子印章或电子签名章。联合体投标的,投标文件由联合体牵头人按上述规定加盖联合体牵头人单位电子印章和(或)法定代表人的个人电子印章或电子签名章。

第二章 投标人须知

续上表

条款号	条款名称	编列内容
3.7.3	投标文件的制作要求	(6)投标文件制作完成后,投标人应使用CA数字证书对投标文件进行文件加密,形成加密的投标文件。 (7)投标文件制作的具体方法详见电子交易平台"投标文件制作工具"中的帮助文档。
4.2.2	递交投标文件方式和地点	投标人应将由投标文件制作工具制作生成的加密投标文件(.ZJSTF)在投标截止时间前(以上传完成时间为准)上传至"电子交易平台"
4.2.3	是否退还投标文件	否
4.2.4	投标文件不予受理的情形	(1)电子投标文件未在投标截止时间前完成上传的。 □(2)投标保证金未与所投标段关联的。 (3)_____
5.1	开标时间和地点	采用双信封形式投标文件的开标 投标文件第一个信封(商务及技术文件)开标时间:同投标截止时间 投标文件第一个信封(商务及技术文件)开标地点:同递交投标文件地点 投标文件第二个信封(报价文件)开标时间:投标文件第一个信封开标时通知 投标文件第二个信封(报价文件)开标地点:_____
5.2	开标程序(双信封)	5.2.1 如发现投标文件有第4.2.4项情况之一的,相应投标文件不予开标,招标人将投标文件退回投标人。 5.2.2 招标人按下列程序对投标文件第一个信封(商务及技术文件)进行开标: (1)宣布开标纪律;宣布记录人等有关人员姓名。 (2)公布投标人数量:招标人公布投标人数量及投标保证金缴纳情况。若开标系统显示已递交投标文件的单位数量少于3家,招标人公布已递交投标文件单位名称,当场宣布招标失败,结束开标。

续上表

条款号	条款名称	编列内容
5.2	开标程序(双信封)	(3)投标人解密:投标人数量大于等于3家,进入投标人解密环节。投标人解密时间:30分钟。投标人解密方式: 投标人使用IE11及以上浏览器自行登录不见面开标大厅:http://kb.zmctc.com(或交易平台首页点击"不见面开标大厅")。待招标人点击解密指令后,投标人使用生成投标文件的CA数字证书在线解密。 若成功解密的投标人少于3家,招标人宣布本次招标失败。 (4)招标人解密 全部投标人解密完成后或投标人解密时间结束,招标人使用生成招标文件的CA数字证书解密投标文件。 (5)公布第一个信封开标结果 解密完成后,招标人公布投标人名单、投标保证金的递交情况、质量目标、安全目标、工期及其他内容,同时宣布第二个信封预计开标时间。 (6)异议及回复 投标人对投标文件提交、投标截止时间、开标程序、投标文件的解密、唱标内容、开标记录、唱标次序等有异议的,应在开标结果公布后5分钟内通过不见面开标大厅的"我有异议"按钮进行异议,招标人通过不见面开标大厅在线文字答复。 (7)投标人确认 开标结果公布后,投标人应在5分钟内对开标结果进行确认,未在规定时间内完成在线确认的视为自动确认。 (8)开标结束 招标人宣布第一个信封开标结束。 5.2.3 在投标文件第一个信封(商务及技术文件)完成评审前,"电子交易平台"的开标评标系统不得读取投标文件第二个信封(报价文件)。

第二章 投标人须知

续上表

条款号	条款名称	编列内容
5.2	开标程序(双信封)	5.2.4 招标人将按照本章第5.1款规定的时间和地点对投标文件第二个信封(报价文件)进行开标: (1)宣布开标纪律;宣布记录人等有关人员姓名。 (2)宣布通过投标文件第一个信封(商务及技术文件)评审的投标人名单。 (3)招标人解密 招标人使用生成招标文件的CA数字证书解密投标文件第二个信封。 (4)抽取系数 现场抽取调整系数、复合系数和下浮系数,采用技术通过制的综合评估法(合理低价法)的,抽取B值计算方案。 (5)公布第二个信封开标结果 公布所有投标文件第二个信封(报价文件)的投标人名称、投标报价及其他内容。 (6)异议及回复 投标人对投标文件提交、截标时间、开标程序、投标文件的解密、唱标内容、开标记录、唱标次序等有异议的,应在开标结果公布后5分钟内通过不见面开标大厅的"我有异议"按钮进行异议,招标人通过不见面开标大厅在线文字答复。 (7)投标人确认 开标结果公布后,投标人应在5分钟内对开标结果进行确认,未在规定时间内完成在线确认的视为自动确认。 (8)开标结束 招标人宣布第二个信封开标结束。 5.2.5 开标特别说明事项 (1)因投标人原因造成其电子投标文件未解密的,视为撤销其投标文件;因投标人之外的原因造成电子投标文件未解密的,视为撤回其投标文件。 (2)部分投标人的电子投标文件无法解密的,正常解密的投标文件在3家(含)以上时,其他投标文件的开标可以继续进行。

续上表

条款号	条款名称	编列内容
5.2	开标程序(双信封)	(3)投标人必须使用生成电子投标文件的CA数字证书解密电子投标文件。 (4)未在规定时间内完成投标文件解密,造成投标失败的,投标人自行负责。 5.2.6 特殊情况的处理 (1)如遇网络故障、网络安全问题等意外情况,所有投标人均无法解密,或因招标人(或招标代理机构)CA锁原因导致招标人解密环节出现问题的,招标人向监管部门申请并征得同意后可延长开标时间或推迟时间重新开标,具体安排另行通知。 (2)因电子交易系统故障、投标人数量过多等非投标人原因,导致投标文件不能在规定时间内完成解密的,招标人可向监管部门申请并征得同意后延长解密时间,并告知在线的投标人。 (3)投标人电脑终端的硬件设备和软件系统配置必须符合不见面开标技术要求并运行正常,否则投标人自行承担不利后果。 5.2.7 不见面开标软硬件要求 (1)建议电脑配置:4G以上内存,Microsoft Windows7以上操作系统,正版office软件,耳机。 (2)50M以上网络带宽连接。 (3)安装新点驱动(浙江省版)。相关驱动可在不见面开标大厅登录界面的驱动下载页面下载。 (4)使用Microsoft Internet Explorer11(IE 11)及以上浏览器,加入可信任站点,添加兼容性视图设置,修改Activex控件和插件设置,关闭弹出窗口拦截。
6.1.1	评标委员会的组建①	评标委员会构成:___人,其中招标人代表___人,专家___人。 招标人代表确定方式:按1∶2比例规定随机抽取。

---

① 评标委员会由招标人代表和有关方面的专家组成,人数为5人以上单数。其中招标人代表最多不超过1/3,由招标人纪检部门监督抽取;招投标行政监督部门另有规定的,从其规定。

第二章 投标人须知

续上表

条款号	条款名称	编列内容
6.1.1	评标委员会的组建	评标专家确定方式:从_____专家库____专业中随机抽取。开标后发现有与招标人存在隶属关系的单位(企业)参加投标的,招标人不得派代表参加评标委员会。最终的评标委员会人数少于5人时应补抽专家。
6.3.2	评标委员会推荐中标候选人的人数	推荐的中标候选人的人数为<u>1~3</u>人
7.1	中标候选人公示媒介、期限及内容	公示媒介:"电子交易平台"、浙江交通网。 公示期限:不少于3日。如遇国家法定休假日,应顺延至法定休假日后第一个工作日。 公示内容: (1)中标候选人排序、名称、投标报价,对工程质量要求、安全目标和工期的响应情况; (2)中标候选人在投标文件中承诺的项目经理姓名、个人业绩、相关证书名称和编号; (3)拟任项目技术负责人,安全负责人姓名; (4)中标候选人在投标文件中填报的项目业绩; (5)被否决投标的投标人名称、否决依据和原因; (6)提出异议的渠道和方式; (7)投标人投标不良行为(如有,仅在浙江交通网公示); (8)信用评价结果使用情况(仅在浙江交通网公示)。
7.4	是否授权评标委员会确定中标人	□是 ☑否
7.6	中标结果公告媒介及期限	公告媒介:"电子交易平台" 公告期限:不少于3日。如遇国家法定休假日,应顺延至法定休假日后第一个工作日
7.7.1	履约保证金	履约担保金额:签约合同价的____%(不得超过2%) 履约担保形式:现金、银行保函或者保险公司保函或融资担保公司保函

续上表

条款号	条款名称	编列内容
7.7.1	履约保证金	若采用银行保函,_____ 若采用保险公司保函,_____ 若采用融资担保公司保函,_____
8.5.1	监督部门	监督部门的联系方式:_____ 监督部门:_____ 地　　址:_____ 邮政编码:_____ 电　　话:_____ 行业监督:_____ 地　　址:_____ 邮政编码:_____ 电　　话:_____
9.2	否决投标	9.2　否决投标 9.2.1　凡评标委员会拟作出否决投标决定的,应先向投标人进行书面询问核实。未进行询问核实程序的,不得作出否决投标决定,投标人放弃接受询问核实机会的除外。投标人应自行关注系统中评标委员会发出的澄清并及时答复,在规定的时限内投标人不参加核实或不予答复的,视为放弃接受询问核实机会。 9.2.2　投标文件存在以下情形的,由评标委员会审核并经过询问核实程序,其投标文件将被否决: …… 9.2.3　除本款规定以外,招标文件中其他条款均不得作为否决投标文件的依据。
	……	

第二章 投标人须知

附录

附录1 资格审查条件(资质最低要求)[①]

标　　段	施工企业资质等级要求
	投标人应具备独立法人资格、_____资质； □联合体投标时,联合体各成员资质要求：_____,_____。

[①] 具体资质要求由招标人在满足国家相关法律法规前提下,根据招标项目具体特点和实际情况确定。

附录2　资格审查条件(财务最低要求)[①]

标　段	财　务　要　求
	承诺提供不少于_____万元人民币的流动资金(由投标人自行决定采用银行信贷证明或财务能力承诺书。采用财务能力承诺书的,应附招标公告发布后银行出具的不少于要求流动资金的银行存款证明)。 若采用银行信贷证明,开具银行信贷证明的银行级别:_____。

注:联合体投标时,应由联合体牵头人出具,或根据联合体协议书工程量比例分别出具。

[①] 具体财务要求由招标人在满足国家相关法律法规前提下,根据招标项目具体特点和实际情况确定。流动资金一般不超过标段概算造价的10%。

附录3 资格审查条件(业绩最低要求)①

标 段	业 绩 要 求
	自＿＿＿年＿＿＿月 1 日(以实际交工日期为准)以来＿＿＿＿＿＿工程的施工； ……

注:1. 投标人应在第九章"投标文件格式"的"近年完成的类似项目情况表"后附相关资料,所附资料见投标人须知前附表第3.5.3项规定。
2. 资质最低条件仅要求单项资质且接受联合体投标的,联合体各成员均应满足业绩最低要求。
3. 联合体投标的,应根据联合体分工各自满足业绩要求。

---

① 具体业绩要求由招标人在满足国家相关法律法规前提下,根据招标项目具体特点和实际情况确定,但不得设置过高的业绩资格条件。业绩最低要求应按使用指南设置。

附录4 资格审查条件(信誉最低要求)[①]

标 段	信 誉 要 求
	不得存在投标人须知第1.4.3项及第1.4.4项情形。

注:投标人应在第九章"投标文件格式"的"投标人的信誉情况表"后附投标人在国家企业信用信息公示系统中未被列入严重违法失信企业名单、在"信用中国"网站中未被列入失信被执行人名单的网页截图。

[①] 具体信誉要求由招标人在满足国家相关法律法规前提下,根据招标项目具体特点和实际情况确定,但不得与"投标人须知"第1.4.3项、第1.4.4项规定的内容重复。

附录5 资格审查条件(项目经理、项目技术负责人和安全负责人最低要求)[①]

人　　员	数　　量	资　格　要　求
项目经理	1	1.担任过_____的项目经理(或项目副经理或项目技术负责人,或设计施工总承包项目的施工负责人),有_____(专业及等级)注册建造师证书,_____技术职称; □2.有效期内的_____(□公路水运/□建筑)施工企业项目负责人安全生产考核合格证书(B类);[②] 3.拟任项目经理投标截止日未在其他在建合同工程中任项目经理(包括设计施工总承包项目中的施工负责人)。
项目技术负责人	1	1.有_____技术职称; □2.有效期内的_____(□公路水运/□建筑)施工企业项目负责人安全生产考核合格证书(B类)。[③]
安全负责人	1	有效期内的_____(□公路水运/□建筑)施工企业专职安全生产管理人员安全生产考核合格证书(C类)。

注:1.在建合同工程的开始时间为该合同工程中标通知书发出之日(不通过招标方式的,开始时间为合同签订之日),结束时间为该合同工程通过交工验收或合同解除之日。[④]

2.拟委任项目经理是否有"在建合同工程"按以下原则认定:

(1)若该合同工程协议书尚未签订,则其中标通知书中明确的项目经理和备选项目经理均视为有"在建合同工程"。

(2)若该合同工程协议书已签订的,则仅合同协议书中明确的项目经理视为有"在建合同工程"。

(3)该合同工程未通过验收或合同解除前,合同协议书中明确的项目经理已经更换的,则现任项目经理视为有"在建合同工程",同时应在投标文件中附该合同工程项目发包人的同意更换证明材料,否则更换前后的项目经理均视为有"在建合同工程"。

3."在建合同工程"范围:包括在中华人民共和国境内所有建设工程,不受地域、行业和投资性质的限制。

4.所附资料见投标人须知前附表第3.5.5项规定。

---

① 对项目经理和项目技术负责人的具体资格要求由招标人在满足国家相关法律法规前提下,根据招标项目具体特点和实际情况确定,但不得设置过高的资格条件。一般只要求提供一个类似项目业绩。

② 部分对安全生产考核合格证书不作要求的附属设施招标时不适用。

③ 部分对安全生产考核合格证书不作要求的附属设施招标时不适用。

④ 本解释仅适用于项目经理有无在建合同工程的认定。

附录6 资格审查条件(其他主要管理人员和技术人员最低要求)[①]

人　　员	最低数量要求	资　格　要　求

[①] 本表仅适用于采用技术标打分制综合评估法评标的项目。对其他主要管理人员和技术人员的最低要求由招标人在满足国家相关法律法规前提下,根据招标项目具体特点和实际情况确定,但不得设置过高的资格条件。

附录7 资格审查条件(主要机械设备和试验检测设备最低要求)[①]

序　号	设 备 名 称	规格、功率及容量	单　位	最低数量要求

[①] 本表仅适用于采用技术标打分制综合评估法评标的项目。对主要机械设备和试验检测设备的最低要求由招标人在满足国家相关法律法规前提下,根据招标项目具体特点和实际情况确定。

1. 总则[①]

1.1 项目概况

1.1.1 根据《中华人民共和国招标投标法》《中华人民共和国招标投标法实施条例》《浙江省招标投标条例》《公路工程建设项目招标投标管理办法》等有关法律、法规和规章的规定,本招标项目已具备招标条件,现对本标段施工进行招标。

1.1.2 本招标项目招标人:见投标人须知前附表。
1.1.3 本标段招标代理机构:见投标人须知前附表。
1.1.4 本招标项目名称:见投标人须知前附表。
1.1.5 本标段建设地点:见投标人须知前附表。

1.2 招标项目的资金来源和落实情况

1.2.1 资金来源及比例:见投标人须知前附表。
1.2.2 资金落实情况:见投标人须知前附表。

1.3 招标范围、计划工期、质量要求和安全目标

1.3.1 招标范围:见投标人须知前附表。
1.3.2 本标段的计划工期:见投标人须知前附表。
1.3.3 本标段的质量要求:见投标人须知前附表。
1.3.4 本标段的安全目标:见投标人须知前附表。

1.4 投标人资格要求

1.4.1 投标人应具备承担本标段施工的资质条件、能力和信誉。
(1)资质要求:见投标人须知前附表;
(2)财务要求:见投标人须知前附表;
(3)业绩要求:见投标人须知前附表;
(4)信誉要求:见投标人须知前附表;
(5)项目经理、项目技术负责人和安全负责人资格:见投标人须知前附表;
(6)其他要求:见投标人须知前附表。

需要提交的相关证明材料见本章第 3.5 款的规定。

1.4.2 投标人须知前附表规定接受联合体投标的,联合体除应符合本章第 1.4.1 项和投标人须知前附表的要求外,还应遵守以下规定:

(1)联合体各方应按招标文件提供的格式签订联合体协议书,明确联合体牵头人和各方权利义务,并承诺就中标项目向招标人承担连带责任;

[①] 正文内容不得修改。

(2)由同一专业的单位组成的联合体,按照资质等级较低的单位确定资质等级;

(3)联合体各方不得再以自己名义单独或参加其他联合体在同一标段中投标;

(4)联合体各方应分别按照本招标文件的要求,填写投标文件中的相应表格,并由联合体牵头人负责对联合体各成员的资料进行统一汇总后一并提交给招标人;联合体牵头人所提交的投标文件应认为已代表了联合体各成员的真实情况;

(5)尽管委任了联合体牵头人,但联合体各成员在投标、签订合同与履行合同过程中,仍负有连带的和各自的法律责任。

1.4.3 投标人(包括联合体各成员)不得与本标段相关单位存在下列关联情形:

(1)为招标人不具有独立法人资格的附属机构(单位);

(2)与招标人存在利害关系且可能影响招标公正性;

(3)与本标段的其他投标人同为一个单位负责人;

(4)与本标段的其他投标人存在控股(含法定代表人控股)、管理关系;

(5)为本标段前期准备提供设计或咨询服务的法人或其他任何附属机构(单位);

(6)为本标段的监理人;

(7)为本标段的代建人;

(8)为本标段的招标代理机构;

(9)与本标段的监理人或代建人或招标代理机构同为一个法定代表人;

(10)与本标段的监理人或代建人或招标代理机构存在控股或参股关系;

(11)法律法规或投标人须知前附表规定的其他情形。

1.4.4 投标人(包括联合体各成员)不得存在下列不良状况或不良信用记录:

(1)被交通运输部、浙江省交通运输厅、浙江省发展和改革委员会取消投标资格或禁止进入浙江省建设市场且处于有效期内的;

(2)被责令停业,暂扣或吊销执照,或吊销资质证书;

(3)进入清算程序,或被宣告破产,或其他丧失履约能力的情形;

(4)在国家企业信用信息公示系统(http://www.gsxt.gov.cn)中被列入严重违法失信企业名单;

(5)在"信用中国"网站(http://www.creditchina.gov.cn)中被列入失信被执行人名单;

(6)投标人或其法定代表人、拟委任的项目经理在投标人须知前附表规定日期后有行贿犯罪行为的[行贿犯罪行为的认定以中国裁判文书网(http://wenshu.court.gov.cn/)查询结果为准,投标文件中无须提供查询结果];

(7)法律法规或投标人须知前附表规定的其他情形。

1.4.5 具有公路工程施工总承包特级、一级资质及交通工程专业承包资质的投标人(包括联合体各成员)应进入交通运输部"全国公路建设市场信用信息管理系统(http://glxy.mot.gov.cn)"中的公路工程施工资质企业名录,且投标人名称和资质与该名录中的相应企业名称和资质完全一致。投标人不满足本项规定条件的,将被否决投标。

1.5 费用承担

投标人准备和参加投标活动发生的费用自理。

1.6 保密

参与招标投标活动的各方应对招标文件和投标文件中的商业和技术等秘密保密,否则应承担相应的法律责任。

1.7 语言文字

招标投标文件使用的语言文字为中文。专用术语使用外文的,应附有中文注释。

1.8 计量单位

所有计量均采用中华人民共和国法定计量单位。

1.9 踏勘现场

1.9.1 第一章"招标公告"规定组织踏勘现场的,招标人按规定的时间、地点组织投标人踏勘项目现场。部分投标人未按时参加踏勘现场的,不影响踏勘现场的正常进行。招标人不得组织单个或者部分投标人踏勘项目现场。

1.9.2 投标人踏勘现场发生的费用自理。

1.9.3 除招标人的原因外,投标人自行负责在踏勘现场中所发生的人员伤亡和财产损失。

1.9.4 招标人在踏勘现场中介绍的工程场地和相关的周边环境情况,供投标人在编制投标文件时参考,招标人不对投标人据此作出的判断和决策负责。

1.9.5 招标人提供的本合同工程的水文、地质、气象和料场分布、取土场、弃土场位置等参考资料,并不构成合同文件的组成部分,投标人应对自己就上述资料的解释、推论和应用负责,招标人不对投标人据此作出的判断和决策承担任何责任。

1.10 投标预备会

1.10.1 第一章"招标公告"规定召开投标预备会的,招标人按规定的时间和地点召开投标预备会,澄清投标人提出的问题。

1.10.2 投标人应在投标人须知前附表规定的时间前,通过"电子交易平台"将提出的问题送达招标人,以便招标人在会议期间澄清。

1.10.3 投标预备会后,招标人将对投标人所提问题的澄清,以本章第2.2款规定的形式通知所有获取招标文件的投标人。该澄清内容为招标文件的组成部分。

1.11 分包

1.11.1 投标人拟在中标后将中标项目的部分工作进行分包的,应符合投标人须知前附表的规定,投标人中标后的分包应满足合同条款第4.3款的相关要求。

1.11.2 中标人不得向他人转让中标项目,接受分包的人不得再次分包。中标人应就分包项目向招标人负责,接受分包的人就分包项目承担连带责任。

1.12 响应和偏差

1.12.1 投标文件偏离招标文件某些要求,视为投标文件存在偏差。偏差包括重大偏差和细微偏差。

1.12.2 投标文件应对招标文件的实质性要求和条件作出满足性或更有利于招标人的响应,否则,视为投标文件存在重大偏差,投标人的投标将被否决。

投标文件存在第三章"评标办法"中所列任一否决投标情形的,均属于存在重大偏差。

1.12.3 投标文件中的下列偏差为细微偏差:

(1)在按照第三章"评标办法"的规定对投标价进行算术性错误修正及其他错误修正后,最终投标报价未超过最高投标限价的情况下,出现第三章"评标办法"规定的算术性错误和投标报价的其他错误。

(2)施工组织设计(含关键工程技术方案)和项目管理机构不够完善。

(3)投标文件页码不连续、采用活页夹装订、个别文字有遗漏错误等不影响投标文件实质性内容的偏差。

(4)投标人所附《主要业绩信息一览表》中涉及本次招标资格审核的相关信息与投标文件所附的业绩证明材料不一致,但《主要业绩信息一览表》与所附的业绩证明材料均满足资格审查条件的;投标人所附《主要业绩信息一览表》中涉及本次招标加分的相关信息与投标文件所附的业绩证明材料不一致,但《主要业绩信息一览表》与所附的业绩证明材料均满足加分条件的。

1.12.4 评标委员会对投标文件中的细微偏差按如下规定处理:

(1)对于本章第1.12.3(1)目所述的细微偏差,按照第三章"评标办法"的规定予以修正并要求投标人进行澄清。

(2)对于本章第1.12.3(2)目所述的细微偏差,如果采用技术通过制的综合评估法(合理低价法)或经评审的最低投标价法评标,应要求投标人对细微偏差进行澄清,只有投标人的澄清文件被评标委员会接受,投标人才能参加评标价的最终评比。如果采用技术打分制的综合评估法(综合评分法)评标,评标委员会可在相关评分因素的评分中酌情扣分。

(3)对于本章第1.12.3(3)、(4)目所述的细微偏差,可要求投标人对细微偏差进行澄清。

1.12.5　投标人应根据招标文件的要求提供施工组织设计等内容以对招标文件作出响应。

2. 招标文件

2.1　招标文件的组成

本招标文件包括：
(1)招标公告；
(2)投标人须知；
(3)评标办法；
(4)合同条款及格式；
(5)工程量清单；
(6)图纸；
(7)技术规范；
(8)工程量清单计量规则；
(9)投标文件格式；
(10)投标人须知前附表规定的其他资料。

根据本章第1.10款、第2.2款和第2.3款对招标文件所作的澄清、修改，构成招标文件的组成部分。

当招标文件、招标文件的澄清或修改等在同一内容的表述上不一致时，以最后发出的书面文件为准。

2.2　招标文件的澄清

2.2.1　投标人应仔细阅读和检查招标文件的全部内容。如发现缺页或附件不全，应及时向招标人提出，以便补齐。如有疑问，应在投标人须知前附表规定的时间前通过"电子交易平台"，要求招标人对招标文件予以澄清。

2.2.2　招标文件的澄清将以电子文件形式上传至"电子交易平台"供潜在投标人下载，但不指明澄清问题的来源。澄清发出的时间距本章第4.2.1项规定的投标截止时间不足15日，且澄清内容可能影响投标文件编制的，将相应延长投标截止时间。

2.2.3　投标人在收到澄清后无须向招标人确认。潜在投标人应自行关注"电子交易平台"，招标人不再一一通知。因投标人自身原因未及时获知澄清内容而导致的任何后果将由投标人自行承担。

2.2.4　除非招标人认为确有必要答复，否则，招标人有权拒绝回复投标人在本章第2.2.1项规定的时间后提出的任何澄清要求。

2.3　招标文件的修改

2.3.1　招标人可以修改招标文件，以电子文件形式上传"电子交易平台"供潜在投标人自行下载。修改招标文件的时间距本章第 4.2.1 项规定的投标截止时间不足 15 日,且修改内容可能影响投标文件编制的,将相应延长投标截止时间。

2.3.2 投标人在收到修改内容后无须向招标人确认。潜在投标人应自行关注"电子交易平台",招标人不再一一通知。因投标人自身原因未及时获知修改内容而导致的任何后果将由投标人自行承担。

2.4 招标文件的异议

投标人或者其他利害关系人对招标文件有异议的,应在投标截止时间 10 日前以书面形式提出。招标人将在收到异议之日起 3 日内作出答复;作出答复前,将暂停招标投标活动。提出异议与作出答复均应通过"电子交易平台"中以书面形式完成。

3. 投标文件

3.1 投标文件的组成

3.1.1 投标文件密封采用双信封形式。投标文件应包括下列内容:
第一个信封(商务及技术文件)
(1)投标函及投标函附录;
(2)授权委托书或法定代表人身份证明;
(3)联合体协议书;
(4)投标保证金;
(5)施工组织设计;
(6)项目管理机构;
(7)拟分包项目情况表;
(8)资格审查资料;
(9)承诺函;
(10)投标人须知前附表规定的其他材料。
第二个信封(报价文件)
(1)投标函;
(2)已标价工程量清单;
(3)合同用款估算表。

投标人在评标过程中作出的符合法律法规和招标文件规定的澄清确认,构成投标文件的组成部分。

3.1.2 投标人须知前附表规定不接受联合体投标的,或投标人没有组成联合体投标的,投标文件不包括本章第 3.1.1(3)目所指的联合体协议书。

3.1.3 投标人须知前附表未要求提交投标保证金的,投标文件不包括本章第 3.1.1(4)目所指的投标保证金。

3.1.4 投标文件工程量清单制作见投标人须知前附表。

3.2 投标报价

3.2.1 投标报价应包括国家规定的增值税税金,除投标人须知前附表另有规定外,增值税税金按一般计税方法计算。投标人应按第九章"投标文件格式"的要求在投标函中进行报价并填写工程量清单相应表格。

工程量清单的填写分下列两种方式。投标人应按投标人须知前附表规定的方式填写工程量清单。

(1)本项目招标采用工程量固化清单①,招标人向投标人提供工程量固化清单电子文件,投标人填写工程量清单中各子目的单价及总额价,即可完成投标工程量清单的编制,确定投标报价,并打印出投标工程量清单,编入投标文件。投标人未在工程量清单中填入单价或总额价的工程子目,将被认为其已包含在工程量清单其他子目的单价和总额价中,招标人将不予支付。

投标人必须严格遵循工程量固化清单电子文件中的数据、格式及运算定义。严禁投标人修改工程量固化清单电子文件中的数据、格式及运算定义。

投标人根据招标人提供的工程量固化清单电子文件填报完成并打印的投标工程量清单中的投标报价和投标函大写金额报价应一致,如果报价金额出现差异,其投标将被否决。

(2)本项目招标由招标人提供书面工程量清单(电子版),由投标人按照招标人提供的工程量清单填写本合同各工程子目的单价、合价和总额价。评标委员会将按照第三章"评标办法"的规定对投标价进行算术性错误修正及其他错误修正。

3.2.2 投标人应充分了解本项目的总体情况以及影响投标报价的其他要素。

3.2.3 本项目的报价方式见投标人须知前附表。投标人在投标截止时间前修改投标函中的投标总报价,应同时修改投标文件"已标价工程量清单"中的相应报价。此修改须符合本章第4.3款的有关要求。

3.2.4 投标人如果发现工程量清单中的数量与图纸中数量不一致时,应立即通知招标人核查,除非招标人以书面方式予以更正,否则,应以工程量清单中列出的数量为准。

3.2.5 投标人应根据《公路水运工程安全生产监督管理办法》,在投标总价中计入安全生产费用,安全生产费用应符合合同条款第9.2.5项的规定。工程量清单100章内列有上述安全生产费的支付子目,由投标人按招标文件的规定填写总额价。

3.2.6 招标人不接受调价函。

3.2.7 在合同实施期间,投标人填写的单价、合价和总额价是否由于物价波动进

---

① 为减少评标阶段对投标报价进行修正的工作量,建议招标人在出售招标文件时,同时提供"工程量固化清单",清单的数据、格式及运算定义应保证投标人无法修改。投标人只需填写各子目单价或总额价,即可自动生成投标报价。

行价格调整按照合同条款第 16.1 款的规定处理。如果按照合同条款第 16.1.1 项的规定采用价格调整公式进行价格调整,由招标人根据项目实际情况测算确定价格调整公式中的变值权重范围,并在投标函附录价格指数和权重表中约定范围;投标人在此范围内填写各可调因子的权重,合同实施期间将按此权重进行调价。

3.2.8 招标人设有最高投标限价,最高投标限价的计算方法见投标人须知前附表。

3.2.9 投标报价的其他要求见投标人须知前附表。

3.3 投标有效期

3.3.1 除投标人须知前附表另有规定外,投标有效期为 90 日。

3.3.2 在投标有效期内,投标人撤销投标文件的,应承担招标文件和法律规定的责任。

3.3.3 出现特殊情况需要延长投标有效期的,招标人以书面形式通知所有投标人延长投标有效期。投标人应予以书面答复,同意延长的,应相应延长其投标保证金的有效期,但不得要求或被允许修改其投标文件;投标人拒绝延长的,其投标失效,但投标人有权收回其投标保证金及以现金或支票形式递交的投标保证金的银行同期活期存款利息。

3.4 投标保证金

3.4.1 投标人在递交投标文件的同时,应按投标人须知前附表规定的金额、担保形式和第九章"投标文件格式"规定的投标保证金格式递交投标保证金,并作为其投标文件的组成部分。联合体投标的,其投标保证金由牵头人递交,并应符合投标人须知前附表的规定。

3.4.2 投标人不按本章第 3.4.1 项要求提交投标保证金的,评标委员会将否决其投标。

3.4.3 投标保证金的退还见投标人须知前附表。

3.4.4 投标保证金不予退还的情形见投标人须知前附表。

3.5 资格审查资料

除投标人须知前附表另有规定外,投标人应按下列规定提供资格审查资料,以证明其满足本章第 1.4 款规定的资质、财务、业绩、信誉等要求。

3.5.1 "投标人基本情况表"应附资料见投标人须知前附表。

3.5.2 若投标人须知前附表要求提供"近年财务状况表",则"近年财务状况表"应附经会计师事务所或审计机构审计的财务会计报表,包括资产负债表、现金流量表、利润表和财务情况说明书的扫描件,具体年份要求见投标人须知前附表。投标人的成立时间少于投标人须知前附表规定年份的,应提供成立以来的财务状况表。

3.5.3 "近年完成的类似项目情况表"具体年份及需附资料及要求见投标人须知前附表。

每张表格只填写一个项目,并标明序号。

3.5.4 "投标人的信誉情况表"应附投标人在国家企业信用信息公示系统中未被列入严重违法失信企业名单、在"信用中国"网站中未被列入失信被执行人名单的网页截图。

3.5.5 "拟委任的项目经理、项目技术负责人和安全负责人资历表"应附资料及要求见投标人须知前附表。

3.5.6 "拟委任的其他管理和技术人员汇总表"(如有)应填报满足投标人须知前附表附录6规定的其他人员的相关信息。"拟委任的其他管理和技术人员资历表"(如有)需附资料及要求见投标人须知前附表。

3.5.7 "拟投入本标段的主要施工机械表""拟配备本标段的主要材料试验、测量、质检仪器设备表"(如有)应填报满足投标人须知前附表附录7规定的机械设备和试验检测设备。

3.5.8 投标人须知前附表规定接受联合体投标的,本章第3.5.1项～第3.5.7项规定的表格和资料应包括联合体各方相关情况。

3.5.9 除合同条款约定的特殊情形外,投标人在投标文件中填报的项目经理和项目技术负责人不允许更换。

3.5.10 投标人在投标文件中填报的资质、业绩、主要人员资历和目前在岗情况、信用等级等信息,应与其在"浙江省交通运输信用综合管理服务系统"中填报并发布的相关信息一致。投标人应根据本单位实际情况及时完成相关信息的申报、录入和动态更新,并对相关信息的真实性、完整性和准确性负责。

3.5.11 招标人有权核查投标人在投标文件中提供的材料,若在评标期间发现投标人提供了虚假资料,其投标将被否决;若在签订合同前发现作为中标候选人的投标人提供了虚假资料,招标人有权取消其中标资格;若在合同实施期间发现投标人提供了虚假资料,招标人有权从工程支付款或履约保证金中扣除不超过5%签约合同价的金额作为违约金。同时招标人将投标人上述弄虚作假行为上报浙江省交通运输厅,作为不良记录纳入"浙江省交通运输信用综合管理服务系统"。

3.6 备选投标方案

3.6.1 除投标人须知前附表规定允许外,投标人不得递交备选投标方案,否则其投标将被否决。

3.6.2 允许投标人递交备选投标方案的,只有中标人所递交的备选投标方案方可予以考虑。评标委员会认为中标人的备选投标方案优于其按照招标文件要求编制的投标方案的,招标人可以接受该备选投标方案。

3.6.3 投标人提供两个或两个以上投标报价,或在投标文件中提供一个报价,但同时提供两个或两个以上施工组织设计的,视为提供备选方案。

3.7 投标文件的编制

3.7.1 投标文件应按第九章"投标文件格式"进行编写,如有必要,可以增加附页,作为投标文件的组成部分。其中,投标函附录在满足招标文件实质性要求的基础上,可以提出比招标文件要求更有利于招标人的承诺。

3.7.2 投标文件应当对招标文件有关工期、投标有效期、质量要求、安全目标、技术标准和要求、招标范围等实质性内容作出响应。

3.7.3 投标文件的制作应符合投标人须知前附表的规定。

3.7.4 因投标人自身原因而导致投标文件无法导入"电子交易平台"电子开标、评标系统,该投标视为无效投标,投标人自行承担由此导致的全部责任。投标人在投标截止时间上传至"电子交易平台"的电子投标文件为投标文件的正本。

3.7.5 投标时无须提供纸质投标文件,但如招标人要求,中标人应按要求提供纸质投标文件副本,纸质投标文件应为电子投标文件的打印件,并加盖公章。

4. 投标

4.1 投标文件的密封和标识

投标文件应按照本章第 3.7.3 项要求制作并加密,未按要求加密的投标文件,招标人("电子交易平台")将拒绝接收并提示。

4.2 投标文件的递交

4.2.1 投标人应在第一章"招标公告"规定的投标截止时间前(第 2.2.2 项、第 2.3.1 项规定延长投标截止时间的,指延长后的投标截止时间前),通过互联网使用 CA 数字证书登录"电子交易平台",将加密的投标文件上传,并保存上传成功后系统自动生成的电子签收凭证,递交时间即为电子签收凭证时间。投标人应充分考虑上传文件时的不可预见因素,未在投标截止时间前完成上传的,视为逾期送达,招标人("电子交易平台")将拒绝接收。

4.2.2 递交投标文件方式和地点:见投标人须知前附表。

4.2.3 是否退还投标文件:见投标人须知前附表。

4.2.4 投标文件不予受理的情形:见投标人须知前附表。

4.3 投标文件的修改与撤回

4.3.1 在本章第 4.2.1 项规定的投标截止时间前,投标人可以修改或撤回已递交的投标文件。投标人对加密的投标文件进行撤回的,应在"电子交易平台"直接进行撤回操作;投标人对加密的投标文件进行修改的,应在投标截止时间前完成上传。

4.3.2 投标人修改投标文件的,应使用"投标文件制作工具"制作成完整的投标文件,并按照本章第 3 条、第 4 条规定进行编制、加密和递交。对采用网上递交的加密的投标文件,以投标截止时间前最后完成上传的文件为准。

4.3.3 投标人撤回投标文件的,招标人自收到投标人书面撤回通知之日起 5 日内退还已收取的投标保证金。

5. 开标

5.1 开标时间和地点

招标人在本章第 4.2.1 项规定的投标截止时间(开标时间)和投标人须知前附表规定的地点对收到的投标文件第一个信封(商务及技术文件)公开开标,并邀请所有投标人的法定代表人或其委托代理人准时参加。

招标人在投标人须知前附表规定的时间和地点对投标文件第二个信封(报价文件)进行开标,并邀请所有投标人的法定代表人或其委托代理人准时参加。

投标人若未派法定代表人或委托代理人出席开标活动,视为该投标人默认开标结果。

5.2 开标程序

开标程序见投标人须知前附表。

5.3 开标异议

投标人对开标有异议的,应当在开标现场提出,招标人当场作出答复,并制作记录。

6. 评标

6.1 评标委员会

6.1.1 评标由招标人依法组建的评标委员会负责。评标委员会由招标人或其委托的招标代理机构熟悉相关业务的代表,以及有关技术、经济等方面的专家组成。评标委员会成员人数以及技术、经济等方面专家的确定方式见投标人须知前附表。

6.1.2 评标委员会成员有下列情形之一的,应主动提出回避:
(1)为负责招标项目监督管理的交通运输主管部门的工作人员;
(2)与投标人法定代表人或其委托代理人有近亲属关系;
(3)为投标人的工作人员或退休人员;
(4)与投标人有其他利害关系,可能影响评标活动公正性;
(5)在与招标投标有关的活动中有过违法违规行为、曾受过行政处罚或刑事处罚。

6.1.3 评标过程中,评标委员会成员有回避事由、擅离职守或因健康等原因不能继续评标的,招标人有权更换。被更换的评标委员会成员作出的评审结论无效,由更换后的评标委员会成员重新进行评审。

6.2 评标原则

评标活动遵循公平、公正、科学和择优的原则。

6.3 评标

6.3.1 评标委员会按照第三章"评标办法"规定的方法、评审因素、标准和程序对投标文件进行评审。第三章"评标办法"没有规定的方法、评审因素和标准，不作为评标依据。

6.3.2 评标完成后，评标委员会应向招标人提交书面评标报告和中标候选人名单。评标委员会推荐中标候选人的人数见投标人须知前附表。

6.3.3 评标及补救措施

评标委员会按照本章第 6.3.1 项的规定在电子评标系统上开展评审工作。如果评标过程中出现异常情况，导致无法继续评审工作的，可暂停评标，对原有资料及信息作出妥善保密处理，待电子评标系统恢复正常之后，应重新组织评审。

7. 合同授予

7.1 中标候选人公示

招标人在收到评标报告之日起 3 日内，按照投标人须知前附表规定的公示媒体和期限公示中标候选人，公示期不得少于 3 日，公示内容见投标人须知前附表。

7.2 评标结果异议

投标人或者其他利害关系人对依法必须进行招标的项目的评标结果有异议的，应在中标候选人公示期间提出。招标人将在收到异议之日起 3 日内作出答复；作出答复前，将暂停招标投标活动。提出异议与作出答复均应通过"电子交易平台"以书面形式进行。

7.3 中标候选人履约能力审查

中标候选人的经营、财务状况发生较大变化或者存在违法行为，招标人认为可能影响其履约能力的，将在发出中标通知书前报请行政监督部门，由招标人召集原评标委员会按照招标文件规定的标准和方法审查确认。

7.4 定标

按照投标人须知前附表的规定，招标人或招标人授权的评标委员会依法确定中标人。

7.5 中标通知

在本章第 3.3 款规定的投标有效期内，招标人应通过"电子交易平台"向中标人发出中标通知书,同时将中标结果通知未中标的投标人。

7.6 中标结果公告

招标人在确定中标人之日起3日内,按照投标人须知前附表规定的公告媒介和期限公告中标结果,公告期不得少于3日。公告内容包括中标人名称、中标价。

7.7 履约保证金

7.7.1 在签订合同前,中标人应按投标人须知前附表规定的形式、金额和招标文件第四章"合同条款及格式"规定的或事先经过招标人书面认可的履约保证金格式向招标人提交履约保证金。联合体中标的,其履约保证金以联合体各方或联合体牵头人的名义提交。

采用银行保函时,应由符合投标人须知前附表规定级别的银行开具,所需的费用由中标人承担,中标人应保证银行保函有效。

7.7.2 中标人不能按本章第7.7.1项要求提交履约保证金的,视为放弃中标,其投标保证金及同期银行存款利息不予退还,给招标人造成的损失超过投标保证金数额及同期银行存款利息的,中标人还应当对超过部分予以赔偿。

7.8 签订合同

7.8.1 招标人和中标人应当自中标通知书发出之日起30日内,根据招标文件和中标人的投标文件订立书面合同。中标人无正当理由拒签合同的,在签订合同时向招标人提出附加条件,或不能按照招标文件要求提交履约保证金的,招标人取消其中标资格,其投标保证金及同期银行存款利息不予退还;给招标人造成的损失超过投标保证金及同期银行存款利息数额的,中标人还应当对超过部分予以赔偿。

7.8.2 发出中标通知书后,招标人无正当理由拒签合同,或在签订合同时向中标人提出附加条件的,招标人向中标人退还投标保证金及同期银行存款利息;给中标人造成损失的,还应当赔偿损失。

7.8.3 签约合同价的确定原则如下:

(1)按照评标办法规定对投标报价进行修正后,若修正后的最终投标报价小于开标时的投标函大写金额报价,则签订合同时以修正后的最终投标报价为准;

(2)按照评标办法规定对投标报价进行修正后,若修正后的最终投标报价大于开标时的投标函大写金额报价,则签订合同时以开标时的投标函大写金额报价为准,同时按比例修正相应子目的单价或合价。

7.8.4 联合体中标的,联合体各方应共同与招标人签订合同,就中标项目向招标人承担连带责任。

7.8.5 招标人和中标人在签订合同协议书的同时,须按照本招标文件规定的格式和要求签订廉政合同、安全生产合同、工程质量责任合同和工程资金监管协议,明确双方在廉政建设、安全生产、工程质量和工程资金监管方面的权利和义务以及应承担的违约责任。

7.8.6 在签订合同协议书的同时,中标人应签署项目图纸资料和保密承诺书。

7.8.7 排名第一的中标候选人放弃中标、因不可抗力提出不能履行合同、不按照招标文件的要求提交履约保证金,或者被查实存在影响中标结果的违法行为等情形,不符合中标条件的,招标人可以按照评标委员会提出的中标候选人名单排序依次确定其他中标候选人为中标人。依次确定其他中标候选人与招标人预期差距较大,或者对招标人明显不利的,招标人可以重新招标。

8. 纪律和监督

8.1 对招标人的纪律要求

招标人不得泄露招标投标活动中应当保密的情况和资料,不得与投标人串通损害国家利益、社会公共利益或他人合法权益。

8.2 对投标人的纪律要求

投标人不得相互串通投标或者与招标人串通投标,不得向招标人或者评标委员会成员行贿谋取中标,不得以他人名义投标或者以其他方式弄虚作假骗取中标;投标人不得以任何方式干扰、影响评标工作。

8.3 对评标委员会成员的纪律要求

评标委员会成员不得收受他人的财物或者其他好处,不得向他人透漏对投标文件的评审和比较、中标候选人的推荐情况以及评标有关的其他情况。在评标活动中,评标委员会成员应客观、公正地履行职责,遵守职业道德,不得擅离职守,影响评标程序正常进行,不得使用第三章"评标办法"没有规定的评审因素和标准进行评标。

8.4 对与评标活动有关的工作人员的纪律要求

与评标活动有关的工作人员不得收受他人的财物或者其他好处,不得向他人透漏对投标文件的评审和比较、中标候选人的推荐情况以及评标有关的其他情况。在评标活动中,与评标活动有关的工作人员不得擅离职守,影响评标程序正常进行。

8.5 投诉

8.5.1 招标人逾期未答复异议事项,或者潜在投标人或其他利害关系人对招标人的答复不满意,或者潜在投标人或其他利害关系人认为本次招标活动违反法律、法规和规章规定的,投标人或其他利害关系人可以自知道或应当知道之日起10日内向有关行政监督部门投诉。投诉应按《中华人民共和国招标投标法实施条例》《工程建设项目招标投标活动投诉处理办法》(国家七部委令2004年第11号)及《关于废止和修改部分招标投标规章和规范性文件的决定》(国家发改委等九部委令2013年第23号)办理。

上述时限最后一日如遇国家法定休假日的,顺延至法定休假日后的第一个工作日。

监督部门的联系方式见投标人须知前附表。

8.5.2 投标人或其他利害关系人对招标文件、开标和评标结果提出投诉的,应按照本章第2.4款、第5.3款和第7.2款的规定先向招标人提出异议。异议答复期间不计算在第8.5.1项规定的期限内。

9. 需要补充的其他内容

9.1 自获取招标文件之日起,投标人应自行关注"电子交易平台",以便及时收到招标人发出的函件(招标文件的澄清、修改等),投标文件递交后应保证其提供的联系方式(电话、传真、电子邮件)一直有效并应及时向招标人反馈信息,否则招标人不承担由此引起的一切后果。

9.2 其他约定

需要补充的其他内容:见投标人须知前附表。

附表一:开标记录表[①]

_____(项目名称)_____标段施工第一个信封(商务及技术文件)
开标记录表

开标时间:_____年___月___日___时___分

序号	投标人	质量目标	安全目标	工期	备注	投标人确认

招标人代表:_____   记录人:_____

_____年___月___日

---

① 招标人可根据项目具体特点和实际情况进行修改。

_____（项目名称）_____标段施工第二个信封（报价文件）开标记录表

开标时间：_____年___月___日___时___分

序号	投标人	投标报价(元)	备注	投标人确认

招标人编制的工程量清单预算价(元)：	调整系数：
复合系数(K)：	下浮系数(i)：
评标基准价 B 值计算方法：	□方案一 □方案二

招标人代表：_____　　　　　　　　　　　　记录人：_____

_____年___月___日

附表二：问题澄清通知

问题澄清通知

编号：_____

_____（投标人名称）：

_____（项目名称）_____标段施工招标的评标委员会，对你方的投标文件进行了仔细的审查，现需你方对下列问题通过"电子交易平台"予以澄清：

1.

2.

……

请将上述问题的澄清于_____年___月___日时前通过"电子交易平台"递交。

(项目名称)(标段)施工招标评标委员会
_____年___月___日

附表三：问题的澄清

问题的澄清

编号：_____

_____（项目名称）_____标段施工招标评标委员会：

问题澄清通知(编号：_____)已收悉，现澄清如下：

1.

2.

……

上述问题澄清或说明，不改变我方投标文件的实质性内容，构成我方投标文件的组成部分。

投标人：_____（盖单位电子公章）
法定代表人：_____（盖法定代表人电子章）
_____年___月___日

附表四：中标通知书

中标通知书

_____（中标人名称）：

你方于_____（投标日期）所递交的_____（项目名称）_____标段施工投标文件已被我方接受，被确定为中标人。

中标价：_____元。

工期：____日历天。

工程质量：_____。

工程安全目标：_____。

项目经理：_____（姓名）。

项目技术负责人：_____（姓名）。

安全负责人：_____（姓名）。

请你方在接到本通知书后的____日内到_____（指定地点）与我方签订施工承包合同，在此之前按招标文件第二章"投标人须知"第7.7款规定向我方提交履约保证金。

特此通知。

招标人：_____（盖单位电子公章）
招标代理：_____（盖单位电子公章）
_____年___月___日

附表五：中标结果通知书

中标结果通知书

_____（未中标人名称）：

我方已接受_____（中标人名称）于_____（投标日期）所递交的_____（项目名称）_____标段施工投标文件，确定_____（中标人名称）为中标人。

感谢你单位对招标项目的参与！

招标人：_____（盖单位电子公章）
招标代理：_____（盖单位电子公章）
_____年___月___日

附表六：确认通知

确 认 通 知

_____（招标人名称）：

我方已接到你方_____年____月____日发出的_____（项目名称）_____标段施工招标关于_____的通知，我方已于_____年____月____日收到。

特此确认。

投标人：_____（盖单位电子公章）

_____年____月____日

第三章 评标办法

第三章 评标办法［技术通过制的综合评估法（合理低价法）］[①]

评标办法前附表[②]

条款号		评审因素与评审标准
1	综合得分相等时优先顺序	
2.1.1 2.1.3	第一个信封形式评审与响应性评审标准	（1）投标文件第一个信封按照招标文件规定的格式、内容填写，字迹清晰可辨： a. 投标函按招标文件规定填报了项目名称、标段号、补遗书编号（如有）、工期、工程质量要求及安全目标、拟委任项目经理、项目技术负责人、安全负责人； b. 投标函附录的所有数据均符合招标文件规定； c. 投标文件组成齐全完整，内容均按规定填写。 （2）投标文件第一个信封中法定代表人电子章、投标人的单位电子公章盖章齐全，符合招标文件规定。 （3）投标人按照招标文件的规定提供了投标保证金（投标文件中无须提供证明文件），或按招标文件规定免缴投标保证金。 （4）投标人法定代表人授权委托代理人签署投标文件的，需提交授权委托书，且授权人在授权书上盖法定代表人电子章，授权书加盖投标人单位电子公章。 （5）投标人法定代表人若亲自签署投标文件的，提供了法定代表人身份证明，且法定代表人在法定代表人身份证明上签名或盖电子章。 （6）投标人是独家投标。（适用于不接受联合体投标） （6）投标人以联合体形式投标时，联合体协议书满足招标文件的要求：投标人按照招标文件提供的格式签订了联合体协议书，并明确了联合体牵头人。（适用于接受联合体投标）

[①] "技术通过制的综合评估法（合理低价法）"是综合评估法的评分因素中评标价得分为98.5分、信誉评分因素分值为1.5分、其他主观评分因素分值为0分的特例。除技术特别复杂的桥梁工程和长大隧道工程外，公路工程施工招标评标一般应当使用技术通过制的综合评估法（合理低价法）。

[②] "评标办法前附表"用于明确评标的方法、因素、标准和程序。招标人应根据招标项目具体特点和实际需要，详细列明全部评审因素、标准，没有列明的因素和标准不得作为评标的依据。

续上表

条 款 号		评审因素与评审标准
2.1.1 2.1.3	第一个信封形式评审与响应性评审标准	(7)投标人的分包计划符合招标文件第二章"投标人须知"第1.11款规定,且按第九章"投标文件格式"的要求填写"拟分包项目情况表"(如有)。 (8)同一投标人未提交两个以上不同的投标文件,但招标文件要求提交备选投标的除外。 (9)投标文件中未出现有关投标报价的内容。 (10)投标文件载明的招标项目完成期限未超过招标文件规定的时限。 (11)投标文件对招标文件的实质性要求和条件作出响应。 (12)权利义务符合招标文件规定: a.投标人应接受招标文件规定的风险划分原则,未提出新的风险划分办法; b.投标人未增加发包人的责任范围,或减少投标人义务; c.投标人未提出不同的工程验收、计量、支付办法; d.投标人对合同纠纷、事故处理办法未提出异议; e.投标人在投标活动中无欺诈行为; f.投标人未对合同条款有重要保留。 (13)人员、业绩、履约信誉证明材料真实。 (14)[1]根据浙江省交通运输厅公布的信用评价结果,未出现投标截止日为 AA 级信用等级的投标人参加多于两个标段的投标,其他投标人参加多于一个标段的投标。 (15)[2]若投标文件中提供《信用评价结果使用承诺书》的,含"浙江省交通运输信用综合管理服务系统"水印,其招标人、项目名称、标段、开标时间须与本项目相关信息一致,且《信用评价结果使用承诺书》中的投标人名称与投标人名称一致。 (16)____年___月 1 日以来,被交通运输部、浙江省交通运输厅、浙江省发展和改革委员会三部门以外的省级及以上单位(部门)书面通报限制投标,并在处罚期内的,隐瞒不报的一经查实,作否决投标处理,并视为投标人提供虚假资料,按投标人须知第 3.5.11 项处理。

---

[1] 房建等投标人未参加浙江省交通运输厅信用评价时修改为:投标人未参加多个标段的投标。在《浙江省公路水运建设工程从业主体信用评价管理细则》施行且发布首次信用评价结果后,本条修改为:根据浙江省交通运输厅公布的信用评价结果(以投标截止时间有效的信用评价结果为准),投标截止日当期及上一期均为AA 级信用等级的投标人参加多于两个标段的投标,其他投标人参加多于一个标段的投标。

[2] 房建等投标人未参加浙江省交通运输厅信用评价的不适用。在《浙江省公路水运建设工程从业主体信用评价管理细则》施行且发布首次信用评价结果后,本条"开标时间"修改为"开标时间、有效期"。

第三章 评标办法

续上表

条 款 号		评审因素与评审标准
2.1.1 2.1.3	第二个信封形式评审 与响应性评审标准	(1)投标文件第二个信封按照招标文件规定的格式、内容填写,字迹清晰可辨: 　a.投标函按招标文件规定填报了项目名称、标段号、补遗书编号(如有)、投标价(包括大写金额和小写金额),且投标人名称与第一个信封投标人名称一致; 　b.已标价工程量清单说明文字与招标文件规定一致,未进行实质性修改和删减; 　c.投标文件组成齐全完整,内容均按规定填写。 (2)投标文件第二个信封中法定代表人电子章、投标人的单位电子公章盖章齐全,符合招标文件规定。 (3)投标报价未超过招标文件设定的最高投标限价。 (4)投标报价的大写金额能够确定具体数值。 (5)同一投标人未提交两个以上不同的投标报价。 (6)投标人未提交调价函。
2.1.2	资格评审标准	(1)投标人具备有效的营业执照、组织机构代码证、资质证书、安全生产许可证和基本账户开户许可证(或银行出具的基本账户存款证明或基本存款账户信息)。 (2)投标人的资质等级符合招标文件规定。 (3)投标人的财务状况符合招标文件规定。 (4)投标人的类似项目业绩符合招标文件规定。 (5)投标人的信誉符合招标文件规定。 (6)投标人的项目经理、项目技术负责人和安全负责人资格、项目经理在岗情况符合招标文件规定。 (7)投标人的其他要求符合招标文件规定。[①] (8)投标人符合第二章"投标人须知"第1.4.5项规定。[②] (9)以联合体形式参与投标的,联合体各方均未再以自己名义单独或参加其他联合体在同一标段中投标;独立参与投标的,投标人未同时参加联合体在同一标段中投标。

[①] 对于特别复杂的特大桥梁和特长隧道项目主体工程以及其他有特殊要求的工程,还可对其他管理和技术人员(例如项目副经理、专业工程师等)以及主要机械设备和试验检测设备进行资格评审。

[②] 本项规定仅适用于根据交通运输部《关于发布公路工程从业企业资质名录的通知》(厅公路字〔2011〕114号)要求,招标人应通过名录对投标人资质条件进行审核的公路施工企业。

续上表

条 款 号		评审因素与评审标准
2.2.1	分值构成① (总分100分)	评标价:98.5分 信誉:1.5分
2.2.2	评标基准价计算方法	评标基准价的计算: 评标基准价由评标委员会计算、复核并签字确认。除计算差错外,确认后的评标基准价在本次招标期间保持不变。计算差错,仅限于以下两种情况:(1)纯算术性四则运算差错;(2)未按约定的计算方法,多计或少计投标人报价。由于评标差错,导致否决投标错误,重新评标纠正等其他情况,不属于计算差错。 (1)评标价的确定: 评标价 = 投标函的文字报价 (2)评标基准价按以下公式计算: $$C = [A \times K + B \times (1 - K)](100 - i)/100$$ 式中: C 为评标基准价; A 为招标人的最高投标限价(最高投标限价的确定见投标人须知前附表第3.2.8项规定); K 为复合系数(开标时从0.30、0.35、0.40三个值中随机抽取一个值); i 为下浮系数(开标时从____、____、____三个连续值②中随机抽取一个值)。 B 值:开标时在下述两种方案中随机抽取。 a. B 值计算方案一 所有通过第一个信封评审及第二个信封初步评审的投标人评标价,根据下述区段计算区段平均值(区段内各投标人评标价的算术平均值),再将计算得出的区段平均值进行加权平均,得出的投标人评标价二次平均值即为 B 值。

---

① 房建等附属设施招标时分值调整为100+0分(即信誉得分为0分);若同时认可市政、铁路等行业业绩的,《主要业绩信息一览表》也可不作要求。
② 下浮系数从0.5、1、1.5、2、2.5、3、3.5、4、4.5、5十个值中视项目情况取三个连续值,并在招标文件中明确。

第三章 评标办法

续上表

条款号		评审因素与评审标准
2.2.2	评标基准价计算方法	<table><tr><td>区段</td><td>区段平均值</td><td>二次平均值</td></tr><tr><td>$A \times 0.97 <$ 投标人评标价 $\leq A$</td><td>A_1</td><td rowspan="15">B 为 $A_1 \sim A_{15}$ 的加权平均值（A_1 和 A_{15} 权重为 0.3，其余权重为 1.0）。若某区段无投标人评标价，则该区段不计区段平均值</td></tr><tr><td>$A \times 0.95 <$ 投标人评标价 $\leq A \times 0.97$</td><td>A_2</td></tr><tr><td>$A \times 0.94 <$ 投标人评标价 $\leq A \times 0.95$</td><td>A_3</td></tr><tr><td>$A \times 0.93 <$ 投标人评标价 $\leq A \times 0.94$</td><td>A_4</td></tr><tr><td>$A \times 0.92 <$ 投标人评标价 $\leq A \times 0.93$</td><td>A_5</td></tr><tr><td>$A \times 0.91 <$ 投标人评标价 $\leq A \times 0.92$</td><td>A_6</td></tr><tr><td>$A \times 0.90 <$ 投标人评标价 $\leq A \times 0.91$</td><td>A_7</td></tr><tr><td>$A \times 0.89 <$ 投标人评标价 $\leq A \times 0.90$</td><td>A_8</td></tr><tr><td>$A \times 0.88 <$ 投标人评标价 $\leq A \times 0.89$</td><td>A_9</td></tr><tr><td>$A \times 0.87 <$ 投标人评标价 $\leq A \times 0.88$</td><td>A_{10}</td></tr><tr><td>$A \times 0.86 <$ 投标人评标价 $\leq A \times 0.87$</td><td>A_{11}</td></tr><tr><td>$A \times 0.85 <$ 投标人评标价 $\leq A \times 0.86$</td><td>A_{12}</td></tr><tr><td>$A \times 0.83 <$ 投标人评标价 $\leq A \times 0.85$</td><td>A_{13}</td></tr><tr><td>$A \times 0.80 <$ 投标人评标价 $\leq A \times 0.83$</td><td>A_{14}</td></tr><tr><td>投标人评标价 $\leq A \times 0.80$</td><td>A_{15}</td></tr></table> b. B 值计算方案二 所有通过第一个信封评审及第二个信封初步评审的投标人评标价从高到低排序，最高投标限价 97%（含）以上和最高投标限价 80%（含）以下的评标价各计算一个算术平均值，再与其余投标人评标价计算算术平均值。 即：评标价 $\geq 0.97 \times A$ 的投标人评标价计算算术平均值 A_0，评标价 $\leq 0.80 \times A$ 的投标人评标价计算算术平均值 A_1，将 A_0、A_1 和其余投标人评标价计算算术平均值即为 B 值。若 A_0 或 A_1 计算区间为空，则相应的 A_0 或 A_1 值不参与 B 值计算。
2.2.3	评标价的偏差率计算公式	偏差率 = 100% × (投标人评标价 − 评标基准价)/评标基准价

续上表

条 款 号		评审因素与评审标准
2.2.4(1)	评标价	评标价(98.5分) 投标人评标价得分的计算(保留两位小数): (1)如果投标人的评标价＞评标基准价,则评标价得分 = 98.5 - 偏差率 × 100 × E_1; (2)如果投标人的评标价≤评标基准价,则评标价得分 = 98.5 + 偏差率 × 100 × E_2。 其中:E_1 = 1.5;E_2 = 1.0。
2.2.4(2)	信誉[①]	信誉1.5分 □(1)人员信息公开得分[②]:下列人员信息在"浙江省交通运输信用综合管理服务系统"中已全部公开,且投标文件中提供了带有系统水印的《主要人员信息一览表》打印件的,得0.5分: a.项目经理的职称证信息、建造师注册证书信息、有效期内的安全生产考核合格证书(B类)信息; b.项目技术负责人的职称证信息、有效期内的安全生产考核合格证书(B类)信息; c.安全负责人的有效期内的安全生产考核合格证书(C类)信息。 □(2)企业信用评价结果得分[③]: a.AA、A级投标人在投标中选择使用信用等级得分且有效的,信用等级得分为0.5分(无效或未使用的得0分);B级得分为0分;C级得分为 -0.5分;D级得分为 -5分; b.当年未列入浙江省交通运输厅公路施工企业信用等级名单的投标人,其信用等级得分按0分计算。 注:投标人选择使用AA、A级信用等级得分的,投标文件中须提供从"浙江省交通运输信用综合管理服务系统"中打印的《信用评价结果使用承诺书》(承诺书在"浙江省交通运输信用综合管理服务系统"中打印,且含该系统水印)。

① 资质最低条件仅要求单项资质且接受联合体投标的,企业信用评价结果得分联合体各成员均满足方可加分(即联合体各成员信用等级均应为AA、A级,且均选择使用信用等级得分且次数未超上限)。

② 房建等附属设施招标时不适用。

③ 房建等附属设施招标时不适用;若同时认可市政、铁路等行业业绩的,企业信用评价结果得分可不作要求。在《浙江省公路水运建设工程从业主体信用评价管理细则》施行且发布首次信用评价结果后,本条a修改为:AA、A级投标人在投标中选择使用信用等级得分且有效的(投标截止日信用等级为AA、A级时可使用。《信用评价结果使用承诺书》中载明有效期,开标时《信用评价结果使用承诺书》应在有效期内)信用等级得分为0.5分(无效或未使用的得0分);B级得分为0分;C级得分为 -0.5分;D级得分为 -5分。

续上表

条　款　号	评审因素与评审标准
2.2.4(2)　信誉	□(3)主要人员信用评价得分[①]：根据浙江省交通运输厅公布的信用评价结果，拟任项目经理为 AA 或 A 级的得 0.3 分，为 D 级的得 -2 分，其余等级或未参加的得 0 分；拟任项目技术负责人为 AA 或 A 级的得 0.1 分，为 D 级的得 -1 分，其余等级或未参加的得 0 分；拟任安全负责人为 AA 或 A 级的得 0.1 分，为 D 级的得 -1 分，其余等级或未参加的得 0 分。 (4)近一年(＿＿年＿月1日以来)，被交通运输部、浙江省交通运输厅、浙江省发展和改革委员会三部门以外的省级及以上单位(部门)书面通报限制投标，并在处罚期内的，如实填报的扣1分，隐瞒不报的一经查实，作否决投标处理，并视为投标人提供虚假资料，按投标人须知第 3.5.11 项处理。 (5)近三年(＿＿年＿月1日以来)，投标人或其法定代表人或拟委任的项目经理在工程建设领域中，有行贿行为未构成犯罪的，如实填报的扣1分，隐瞒不报的一经查实，作否决投标处理，并视为投标人提供虚假资料，按投标人须知第 3.5.11 项处理。 (6)投标人列入失信黑名单[以"信用中国"(http://www.creditchina.gov.cn/)联合惩戒栏目中失信人黑名单查询结果为准]但未被限制投标的，如实填报扣1分，隐瞒不报的一经查实，作否决投标处理，并视为投标人提供虚假资料，按投标人须知第 3.5.11 项处理。
需要补充的其他内容：＿＿＿＿＿＿＿＿＿＿＿＿＿＿＿＿＿＿＿＿＿＿＿＿＿＿＿＿＿＿	

[①] 房建等附属设施招标时不适用。

1. 评标方法

本次评标采用技术通过制的综合评估法(合理低价法)。

评标委员会对满足招标文件实质性要求的投标文件,按照本章第2.2款规定的评分标准进行打分,并按得分由高到低顺序推荐中标候选人,或根据招标人授权直接确定中标人,但投标报价低于其成本的除外。综合评分相等时,除评标办法前附表另有约定外,评标委员会应依照以下优先顺序推荐中标候选人或确定中标人:

(1)评标价低的投标人优先;
(2)信誉得分高的投标人优先。

若同一个投标人允许参加两个标段投标且两个标段的综合得分均为第一名时,取其评标价高的标段作为推荐中标候选人,其他标段不再推荐。

凡评标委员会拟作出否决投标决定的,应先向投标人进行询问核实。未进行询问核实程序的,不得作出否决投标决定(投标人所留联系方式无法联系上、在限定时间内投标人不参加询问核实或未出具答复意见的除外)。

"评标办法"中规定的否决投标情形,由评标委员会审核并经过询问核实程序,其投标文件作否决处理。除此之外招标文件中其他条款均不得作为否决投标的依据。

由于评标标准和方法前后内容不一致或者部分条款存在易引起歧义、模糊的文字,导致难以界定投标文件偏差的性质,评标委员会应当按照有利于投标人的原则进行处理。

评标委员会成员对需要共同认定的事项存在争议的,应当按照少数服从多数的原则作出结论。持不同意见的评标委员会成员应当在评标报告上以书面形式说明其不同意见和理由并签字确认。评标委员会成员拒绝在评标报告上签字又不书面说明其不同意见和理由的,视为同意评标结果。

2. 评审标准

2.1 初步评审标准

2.1.1 形式评审标准:见评标办法前附表。

2.1.2 资格评审标准:见评标办法前附表。

2.1.3 响应性评审标准:见评标办法前附表。

2.2 分值构成与评分标准

2.2.1 分值构成

(1)评标价:见评标办法前附表;
(2)信誉:见评标办法前附表。

2.2.2 评标基准价计算

评标基准价计算方法:见评标办法前附表。

2.2.3 评标价的偏差率计算

评标价的偏差率计算公式:见评标办法前附表。

2.2.4 评分标准

(1)评标价评分标准:见评标办法前附表;

(2)信誉评分标准:见评标办法前附表。

3. 评标程序

3.1 第一个信封初步评审

3.1.1 评标委员会依据本章第2.1款规定的标准对投标文件第一个信封(商务及技术文件)进行初步评审。有一项不符合评审标准的,评标委员会应否决其投标。

3.2 第一个信封详细评审

3.2.1 评标委员会按本章第2.2.4(2)目规定的量化因素和分值对信誉部分进行打分,并计算得分。

3.2.2 信誉得分分值计算保留小数点后两位,小数点后第三位"四舍五入"。

3.2.3 投标人第一个信封得分=信誉得分。

3.3 第二个信封开标

第一个信封(商务及技术文件)评审结束后,招标人将按照第二章"投标人须知"第5.1款规定的时间和地点对投标文件第二个信封(报价文件)进行开标。

3.4 第二个信封初步评审

3.4.1 评标委员会依据本章第2.1款规定的评审标准对投标文件第二个信封(报价文件)进行初步评审。有一项不符合评审标准的,评标委员会应否决其投标。

3.4.2 投标报价有算术错误的,评标委员会按以下原则对投标报价进行修正,或由招标人根据评标委员会建议在发出中标通知书前对投标报价进行修正,修正的价格经投标人确认后具有约束力。投标人不接受修正价格的,其投标作否决处理。

(1)投标文件中的大写金额与小写金额不一致的,以大写金额为准;

(2)总价金额与依据单价计算出的结果不一致的,以单价金额为准修正总价,但单价金额小数点有明显错误的除外;

(3)当单价与数量相乘不等于合价时,以单价计算为准,如果单价有明显的小数点位置差错,应以标出的合价为准,同时对单价予以修正;

(4)当各子目的合价累计不等于总价时,应以各子目合价累计数为准,修正总价;

(5)安全生产费、暂估价、暂列金额不满足招标文件规定的,按规定的金额修正。

3.4.3 工程量清单中的投标报价有其他错误的,评标委员会按以下原则对投标报价进行修正,或由招标人根据评标委员会建议在发出中标通知书前对投标报价进行修正,修正的价格经投标人确认后具有约束力。投标人不接受修正价格的,其投标作否决处理。

(1)在招标人给定的工程量清单中漏报了某个工程子目的单价、合价或总额价,或所报单价、合价或总额价减少了报价范围,则漏报的工程子目单价、合价和总额价或单价、合价和总额价中减少的报价内容视为已含入其他工程子目的单价、合价和总额价之中。

(2)在招标人给定的工程量清单中多报了某个工程子目的单价、合价或总额价,或所报单价、合价或总额价增加了报价范围,则从投标报价中扣除多报的工程子目报价或工程子目报价中增加了报价范围的部分报价。

(3)当单价与数量的乘积与合价(金额)虽然一致,但投标人修改了该子目的工程数量,则其合价按招标人给定的工程数量乘以投标人所报单价予以修正。

3.4.4 修正后的最终投标报价若超过最高投标限价,评标委员会应否决其投标。

3.4.5 修正后的最终投标报价仅作为签订合同的一个依据,不参与评标价得分的计算。

3.4.6 评标委员会发现投标人的报价明显低于其他投标报价,使得其投标报价可能低于其个别成本的,应当要求该投标人作出说明并提供相应的证明材料。投标人不能合理说明或者不能提供相应证明材料的,由评标委员会认定该投标人以低于成本报价竞标,并否决其投标。

3.5 第二个信封详细评审

3.5.1 评标委员会按本章第2.2.4(1)目规定的评审因素和分值对评标价计算出得分。

3.5.2 评标价得分分值计算保留小数点后两位,小数点后第三位"四舍五入"。

3.5.3 投标人综合得分=投标人第一个信封得分+评标价得分。

3.6 投标文件相关信息的核查

3.6.1 投标人提供的任一项类似项目《主要业绩信息一览表》中涉及本次招标资格审核与加分的相关信息与投标文件所附的业绩证明材料不一致[投标人须知第1.12.3(4)目规定的细微偏差除外]的,资格审查不予通过或不予加分,并报相应交通运输主管部门按有关规定进行处理。

3.6.2 评标委员会应对在评标过程中发现的投标人与投标人之间、投标人与招标人之间存在的串通投标的情形进行评审和认定。投标人存在串通投标、弄虚作假、行贿等违法行为的,评标委员会应否决其投标。

(1)有下列情形之一的,属于投标人相互串通投标:
a.投标人之间协商投标报价等投标文件的实质性内容;

b. 投标人之间约定中标人；

c. 投标人之间约定部分投标人放弃投标或中标；

d. 属于同一集团、协会、商会等组织成员的投标人按照该组织要求协同投标；

e. 投标人之间为谋取中标或排斥特定投标人而采取的其他联合行动。

（2）有下列情形之一的，视为投标人相互串通投标：

a. 不同投标人的投标文件由同一单位或个人编制；

b. 不同投标人委托同一单位或个人办理投标事宜；

c. 不同投标人的投标文件载明的项目管理成员为同一人；

d. 不同投标人的投标文件异常一致或投标报价呈规律性差异；

e. 不同投标人的投标文件相互混装；

f. 不同投标人的投标保证金从同一单位或个人的账户转出。

（3）有下列情形之一的，属于招标人与投标人串通投标：

a. 招标人在开标前开启投标文件并将有关信息泄露给其他投标人；

b. 招标人直接或间接向投标人泄露标底、评标委员会成员等信息；

c. 招标人明示或暗示投标人压低或抬高投标报价；

d. 招标人授意投标人撤换、修改投标文件；

e. 招标人明示或暗示投标人为特定投标人中标提供方便；

f. 招标人与投标人为谋求特定投标人中标而采取的其他串通行为。

（4）投标人有下列情形之一的，属于弄虚作假的行为：

a. 使用通过受让或租借等方式获取的资格、资质证书投标；

b. 使用伪造、变造的许可证件；

c. 提供虚假的财务状况或业绩；

d. 提供虚假的项目负责人或主要技术人员简历、劳动关系证明；

e. 提供虚假的信用状况；

f. 其他弄虚作假的行为。

3.7 投标文件的澄清和说明

3.7.1 在评标过程中，评标委员会可以通过"电子交易平台"要求投标人对所提交投标文件中含义不明确的内容、明显文字或计算错误进行书面澄清或说明。评标委员会不接受投标人主动提出的澄清、说明。投标人不按评标委员会要求澄清或说明的，评标委员会应否决其投标。

3.7.2 澄清和说明不得超出投标文件的范围或改变投标文件的实质性内容（算术性错误的修正除外）。投标人的澄清、说明属于投标文件的组成部分。

3.7.3 评标委员会不得暗示或诱导投标人作出澄清、说明，对投标人提交的澄清、说明有疑问的，可以要求投标人进一步澄清、说明，直至满足评标委员会的要求。

3.7.4 凡超出招标文件规定的或给发包人带来未曾要求的利益的变化、偏差或其他因素在评标时不予考虑。

3.8 不得否决投标的情形

投标文件存在第二章"投标人须知"第1.12.3项所列情形的,均视为细微偏差,评标委员会不得否决投标人的投标,应按照第二章"投标人须知"第1.12.4项规定的原则处理。

3.9 评标结果

3.9.1 除第二章"投标人须知"前附表授权直接确定中标人外,评标委员会按照综合得分由高到低的顺序推荐中标候选人。

3.9.2 评标委员会完成评标后,应向招标人提交书面评标报告。

第三章 评标办法 [技术打分制的综合评估法（综合评分法）]

评标办法前附表[①]

条 款 号		评审因素与评审标准
1	综合得分相等时优先顺序	
2.1.1 2.1.3	第一个信封形式评审与响应性评审标准	（1）投标文件第一个信封按照招标文件规定的格式、内容填写，字迹清晰可辨： 　　a. 投标函按招标文件规定填报了项目名称、标段号、补遗书编号（如有）、工期、工程质量要求及安全目标、拟委任项目经理、项目技术负责人、安全负责人； 　　b. 投标函附录的所有数据均符合招标文件规定； 　　c. 投标文件组成齐全完整，内容均按规定填写。 （2）投标文件第一个信封中法定代表人电子章、投标人的单位电子公章盖章齐全，符合招标文件规定。 （3）投标人按照招标文件的规定提供了投标保证金（投标文件中无须提供证明文件），或按招标文件规定免缴投标保证金。 （4）投标人法定代表人授权委托代理人签署投标文件的，需提交授权委托书，且授权人在授权书上盖法定代表人电子章，授权书加盖投标人单位电子公章。 （5）投标人法定代表人若亲自签署投标文件的，提供了法定代表人身份证明，且法定代表人在法定代表人身份证明上签名或盖电子章。 （6）投标人是独家投标。（适用于不接受联合体投标） （6）投标人以联合体形式投标时，联合体协议书满足招标文件的要求：投标人按照招标文件提供的格式签订了联合体协议书，并明确了联合体牵头人。（适用于接受联合体投标） （7）投标人的分包计划符合招标文件第二章"投标人须知"第1.11款规定，且按第九章"投标文件格式"的要求填写"拟分包项目情况表"（如有）。

[①] "评标办法前附表"用于明确评标的方法、因素、标准和程序。招标人应根据招标项目具体特点和实际需要，详细列明全部评审因素、标准，没有列明的因素和标准不得作为评标的依据。

续上表

条款号		评审因素与评审标准
2.1.1 2.1.3	第一个信封形式评审与响应性评审标准	(8)同一投标人未提交两个以上不同的投标文件,但招标文件要求提交备选投标的除外。 (9)投标文件中未出现有关投标报价的内容。 (10)投标文件载明的招标项目完成期限未超过招标文件规定的时限。 (11)投标文件对招标文件的实质性要求和条件作出响应。 (12)权利义务符合招标文件规定: 　a.投标人应接受招标文件规定的风险划分原则,未提出新的风险划分办法; 　b.投标人未增加发包人的责任范围,或减少投标人义务; 　c.投标人未提出不同的工程验收、计量、支付办法; 　d.投标人对合同纠纷、事故处理办法未提出异议; 　e.投标人在投标活动中无欺诈行为; 　f.投标人未对合同条款有重要保留。 (13)人员、业绩、履约信誉证明材料真实。 (14)①根据浙江省交通运输厅公布的信用评价结果,未出现投标截止日为AA级信用等级的投标人参加多于两个标段的投标,其他投标人参加多于一个标段的投标。 (15)②若投标文件中提供《信用评价结果使用承诺书》的,含"浙江省交通运输信用综合管理服务系统"水印,其招标人、项目名称、标段、开标时间须与本项目相关信息一致,且《信用评价结果使用承诺书》中的投标人名称与投标人名称一致。 (16)＿＿＿年＿＿月1日以来,被交通运输部、浙江省交通运输厅、浙江省发展和改革委员会三部门以外的省级及以上单位(部门)书面通报限制投标,并在处罚期内的,隐瞒不报的一经查实,作否决投标处理,并视为投标人提供虚假资料,按投标人须知第3.5.11项处理。

---

① 房建等投标人未参加浙江省交通运输厅信用评价时修改为:投标人未参加多个标段的投标。在《浙江省公路水运建设工程从业主体信用评价管理细则》施行且发布首次信用评价结果后,本条修改为:根据浙江省交通运输厅公布的信用评价结果(以投标截止时间有效的信用评价结果为准),投标截止日当期及上一期均为AA级信用等级的投标人参加多于两个标段的投标,其他投标人参加多于一个标段的投标。

② 房建等投标人未参加浙江省交通运输厅信用评价的不适用。在《浙江省公路水运建设工程从业主体信用评价管理细则》施行且发布首次信用评价结果后,本条"开标时间"修改为"开标时间、有效期"。

第三章 评标办法

续上表

条　款　号		评审因素与评审标准
2.1.1 2.1.3	第二个信封形式评审与响应性评审标准	（1）投标文件第二个信封按照招标文件规定的格式、内容填写，字迹清晰可辨： 　　a.投标函按招标文件规定填报了项目名称、标段号、补遗书编号（如有）、投标价（包括大写金额和小写金额），且投标人名称与第一个信封投标人名称一致； 　　b.已标价工程量清单说明文字与招标文件规定一致，未进行实质性修改和删减； 　　c.投标文件组成齐全完整，内容均按规定填写。 （2）投标文件第二个信封中法定代表人电子章、投标人的单位电子公章盖章齐全，符合招标文件规定。 （3）投标报价未超过招标文件设定的最高投标限价。 （4）投标报价的大写金额能够确定具体数值。 （5）同一投标人未提交两个以上不同的投标报价，但招标文件要求提交备选投标的除外。 （6）投标人未提交调价函。
2.1.2	资格评审标准	（1）投标人具备有效的营业执照、组织机构代码证、资质证书、安全生产许可证和基本账户开户许可证（或银行出具的基本账户存款证明或基本存款账户信息）。 （2）投标人的资质等级符合招标文件规定。 （3）投标人的财务状况符合招标文件规定。 （4）投标人的类似项目业绩符合招标文件规定。 （5）投标人的信誉符合招标文件规定。 （6）投标人的项目经理、项目技术负责人和安全负责人资格、在岗情况符合招标文件规定。 （7）投标人的其他要求符合招标文件规定。① （8）投标人符合第二章"投标人须知"第1.4.5项规定。② （9）以联合体形式参与投标的，联合体各方均未再以自己名义单独或参加其他联合体在同一标段中投标；独立参与投标的，投标人未同时参加联合体在同一标段中投标。

---

① 对于特别复杂的特大桥梁和特长隧道项目主体工程以及其他有特殊要求的工程，还可对其他管理和技术人员（例如项目副经理、专业工程师等）以及主要机械设备和试验检测设备进行资格评审。

② 本项规定仅适用于根据交通运输部《关于发布公路工程从业企业资质名录的通知》（厅公路字〔2011〕114号）要求，招标人应通过名录对投标人资质条件进行审核的公路施工企业。

续上表

条　款　号		评审因素与评审标准
2.2.1[①]	分值构成 （总分100分）	第一个信封（商务及技术文件）评分分值构成： 施工组织设计：_____分 主要人员：_____分 其他：_____分 第二个信封（报价文件）评分分值构成： 评标价：_____分
2.2.2	评标基准价计算方法	评标基准价的计算： 评标基准价由评标委员会计算、复核并签字确认。除计算差错外，确认后的评标基准价在本次招标期间保持不变。计算差错，仅限于以下两种情况：(1)纯算术性四则运算差错；(2)未按约定的计算方法，多计或少计投标人报价。由于评标差错，导致否决投标错误，重新评标纠正等其他情况，不属于计算差错。 (1)评标价的确定： 评标价 = 报价函的文字报价 (2)评标基准价按以下公式计算： $$C = [A \times K + B \times (1-K)](100-i)/100$$ 式中： C 为评标基准价； A 为招标人的最高投标限价（最高投标限价的确定见投标人须知前附表第3.2.8项规定）； K 为复合系数（开标时从0.30、0.35、0.40三值中随机抽取一个值）； i 为下浮系数（开标时从____、____、____三个连续值[②]中随机抽取一个值）。 B 值：采用下述_____。 a. B 值计算方案一 所有通过第一个信封评审及第二个信封初步评审的投标人评标价，根据下述区段计算区段平均值（区段内各投标人评标价的算术平均值），再将计算得出的区段平均值进行加权平均，得出的投标人评标价二次平均值即为 B 值。

[①] 一般评标价得分不低于80分。

[②] 下浮系数从0.5、1、1.5、2、2.5、3、3.5、4、4.5、5十个值中视项目情况取三个连续值，并在招标文件中明确。

续上表

条款号		评审因素与评审标准
2.2.2	评标基准价计算方法	<table><tr><th>区段</th><th>区段平均值</th><th>二次平均值</th></tr><tr><td>$A \times 0.97 <$ 投标人评标价 $\leq A$</td><td>A_1</td><td rowspan="15">B 为 $A_1 \sim A_{15}$ 的加权平均值（A_1 和 A_{15} 权重为 0.3，其余权重为 1.0）。若某区段无投标人评标价，则该区段不计区段平均值</td></tr><tr><td>$A \times 0.95 <$ 投标人评标价 $\leq A \times 0.97$</td><td>A_2</td></tr><tr><td>$A \times 0.94 <$ 投标人评标价 $\leq A \times 0.95$</td><td>A_3</td></tr><tr><td>$A \times 0.93 <$ 投标人评标价 $\leq A \times 0.94$</td><td>A_4</td></tr><tr><td>$A \times 0.92 <$ 投标人评标价 $\leq A \times 0.93$</td><td>A_5</td></tr><tr><td>$A \times 0.91 <$ 投标人评标价 $\leq A \times 0.92$</td><td>A_6</td></tr><tr><td>$A \times 0.90 <$ 投标人评标价 $\leq A \times 0.91$</td><td>A_7</td></tr><tr><td>$A \times 0.89 <$ 投标人评标价 $\leq A \times 0.90$</td><td>A_8</td></tr><tr><td>$A \times 0.88 <$ 投标人评标价 $\leq A \times 0.89$</td><td>A_9</td></tr><tr><td>$A \times 0.87 <$ 投标人评标价 $\leq A \times 0.88$</td><td>A_{10}</td></tr><tr><td>$A \times 0.86 <$ 投标人评标价 $\leq A \times 0.87$</td><td>A_{11}</td></tr><tr><td>$A \times 0.85 <$ 投标人评标价 $\leq A \times 0.86$</td><td>A_{12}</td></tr><tr><td>$A \times 0.83 <$ 投标人评标价 $\leq A \times 0.85$</td><td>A_{13}</td></tr><tr><td>$A \times 0.80 <$ 投标人评标价 $\leq A \times 0.83$</td><td>A_{14}</td></tr><tr><td>投标人评标价 $\leq A \times 0.80$</td><td>A_{15}</td></tr></table> b. B 值计算方案二 所有通过第一个信封评审及第二个信封初步评审的投标人评标价从高到低排序，最高投标限价 97%（含）以上和最高投标限价 80%（含）以下的评标价各计算一个算术平均值，再与其余投标人评标价计算算术平均值。 即：评标价 $\geq 0.97 \times A$ 的投标人评标价计算算术平均值 A_0，评标价 $\leq 0.80 \times A$ 的投标人评标价计算算术平均值 A_1，将 A_0、A_1 和其余投标人评标价计算算术平均值即为 B 值。若 A_0 或 A_1 计算区间为空，则相应的 A_0 或 A_1 值不参与 B 值计算。
2.2.3	评标价的偏差率计算公式	偏差率 = 100% ×（投标人评标价 – 评标基准价）/评标基准价
2.2.4(1)	施工组织设计	＿＿＿分 列明各评分因素细分项、分值与评分标准

续上表

条款号		评审因素与评审标准
2.2.4(2)	主要人员	＿＿＿＿分 列明各评分因素细分项、分值与评分标准
2.2.4(3)	评标价	评标价(＿＿＿＿分) 投标人评标价得分的计算(保留两位小数)： (1)如果投标人的评标价＞评标基准价，则评标价得分＝＿＿＿＿－偏差率×100×E_1； (2)如果投标人的评标价≤评标基准价，则评标价得分＝＿＿＿＿＋偏差率×100×E_2。 其中：$E_1=$＿＿＿＿；$E_2=$＿＿＿＿。①
2.2.4(4)	其他因素	(1)业绩＿＿＿＿分 列明各评分因素细分项、分值与评分标准。 (2)信誉＿＿＿＿分 参照技术通过制综合评估法的评分项。 (3)技术能力＿＿＿＿分 …… (4)……
需要补充的其他内容：＿＿＿＿		

---

① 招标人可依据招标项目具体特点和实际需要设置 E_1、E_2，但 E_1 应大于 E_2。E_1 值不得低于 0.7，E_2 值不得低于 0.5。

第三章 评标办法

1. 评标方法

本次评标采用技术打分制的综合评估法(综合评分法)。

评标委员会对满足招标文件实质性要求的投标文件,按照本章第2.2款规定的评分标准进行打分,并按得分由高到低顺序推荐中标候选人,或根据招标人授权直接确定中标人,但投标报价低于其成本的除外。综合评分相等时,除评标办法前附表另有约定外,评标委员会应依照以下优先顺序推荐中标候选人或确定中标人:

(1)评标价低的投标人优先;
(2)信誉得分高的投标人优先。

若同一个投标人允许参加两个标段投标且两个标段的综合得分均为第一名时,取其评标价高的标段作为推荐中标候选人,其他标段不再推荐。

凡评标委员会拟作出否决投标决定的,应先向投标人进行询问核实。未进行询问核实程序的,不得作出否决投标决定(投标人所留联系方式无法联系上、在限定时间内投标人不参加询问核实或未出具答复意见的除外)。

"评标办法"中规定的否决投标情形,由评标委员会审核并经过询问核实程序,其投标文件作否决处理。除此之外招标文件中其他条款均不得作为否决投标的依据。

由于评标标准和方法前后内容不一致或者部分条款存在易引起歧义、模糊的文字,导致难以界定投标文件偏差的性质,评标委员会应当按照有利于投标人的原则进行处理。

评标委员会成员对需要共同认定的事项存在争议的,应当按照少数服从多数的原则作出结论。持不同意见的评标委员会成员应当在评标报告上以书面形式说明其不同意见和理由并签字确认。评标委员会成员拒绝在评标报告上签字又不书面说明其不同意见和理由的,视为同意评标结果。

2. 评审标准

2.1 初步评审标准

2.1.1 形式评审标准:见评标办法前附表。
2.1.2 资格评审标准:见评标办法前附表。
2.1.3 响应性评审标准:见评标办法前附表。

2.2 分值构成与评分标准

2.2.1 分值构成
(1)施工组织设计:见评标办法前附表;
(2)主要人员:见评标办法前附表;

（3）评标价：见评标办法前附表；

（4）其他评分因素：见评标办法前附表。

2.2.2 评标基准价计算

评标基准价计算方法：见评标办法前附表。

2.2.3 评标价的偏差率计算

评标价的偏差率计算公式：见评标办法前附表。

2.2.4 评分标准

（1）施工组织设计评分标准：见评标办法前附表；

（2）主要人员评分标准：见评标办法前附表；

（3）评标价评分标准：见评标办法前附表；

（4）其他因素评分标准：见评标办法前附表。

3. 评标程序

3.1 第一个信封初步评审

3.1.1 评标委员会依据本章第2.1款规定的标准对投标文件第一个信封（商务及技术文件）进行初步评审。有一项不符合评审标准的，作否决投标处理。

3.2 第一个信封详细评审

3.2.1 评标委员会按本章第2.2款规定的量化因素和分值进行打分，并计算出各投标人的商务和技术得分。

（1）按本章第2.2.4(1)目规定的评审因素和分值对施工组织设计计算出得分A；

（2）按本章第2.2.4(2)目规定的评审因素和分值对主要人员计算出得分B；

（3）按本章第2.2.4(4)目规定的评审因素和分值对其他部分计算出得分D。

3.2.2 投标人的商务和技术得分分值计算保留小数点后两位，小数点后第三位"四舍五入"。

3.2.3 投标人第一个信封得分$= A + B + D$。

3.3 第二个信封开标

第一个信封（商务及技术文件）评审结束后，招标人将按照第二章"投标人须知"第5.1款规定的时间和地点对投标文件第二个信封（报价文件）进行开标。

3.4 第二个信封初步评审

3.4.1 评标委员会依据本章第2.1.1项、第2.1.3项规定的评审标准对投标文件第二个信封（报价文件）进行初步评审。有一项不符合评审标准的，作否决投标处理。

3.4.2 投标报价有算术错误的，评标委员会按以下原则对投标报价进行修正，或由招标人根据评标委员会建议在发出中标通知书前对投标报价进行修正，修正的价格经投标人确认后具有约束力。投标人不接受修正价格的,其投标作否决处理。

(1)投标文件中的大写金额与小写金额不一致的,以大写金额为准;

(2)总价金额与依据单价计算出的结果不一致的,以单价金额为准修正总价,但单价金额小数点有明显错误的除外;

(3)当单价与数量相乘不等于合价时,以单价计算为准,如果单价有明显的小数点位置差错,应以标出的合价为准,同时对单价予以修正;

(4)当各子目的合价累计不等于总价时,应以各子目合价累计数为准,修正总价;

(5)安全生产费、暂估价、暂列金额不满足招标文件规定的,按规定的金额修正。

3.4.3 工程量清单中的投标报价有其他错误的,评标委员会按以下原则对投标报价进行修正,或由招标人根据评标委员会建议在发出中标通知书前对投标报价进行修正,修正的价格经投标人确认后具有约束力。投标人不接受修正价格的,其投标作否决处理。

(1)在招标人给定的工程量清单中漏报了某个工程子目的单价、合价或总额价,或所报单价、合价或总额价减少了报价范围,则漏报的工程子目单价、合价和总额价或单价、合价和总额价中减少的报价内容视为已含入其他工程子目的单价、合价和总额价之中。

(2)在招标人给定的工程量清单中多报了某个工程子目的单价、合价或总额价,或所报单价、合价或总额价增加了报价范围,则从投标报价中扣除多报的工程子目报价或工程子目报价中增加了报价范围的部分报价。

(3)当单价与数量的乘积与合价(金额)虽然一致,但投标人修改了该子目的工程数量,则其合价按招标人给定的工程数量乘以投标人所报单价予以修正。

3.4.4 修正后的最终投标报价若超过最高投标限价,评标委员会应否决其投标。

3.4.5 修正后的最终投标报价仅作为签订合同的一个依据,不参与评标价得分的计算。

3.4.6 评标委员会发现投标人的报价明显低于其他投标报价,使得其投标报价可能低于其个别成本的,应当要求该投标人作出说明并提供相应的证明材料。投标人不能合理说明或者不能提供相应证明材料的,由评标委员会认定该投标人以低于成本报价竞标,并否决其投标。

3.5 第二个信封详细评审

3.5.1 评标委员会按本章第2.2.4(3)目规定的评审因素和分值对评标价计算出得分C。评标价得分分值计算保留小数点后两位,小数点后第三位"四舍五入"。

3.5.2 投标人综合得分 = 投标人的商务和技术得分($A + B + D$) + 评标价得分(C)。

3.6 投标文件相关信息的核查

3.6.1 投标人提供的任一项类似项目《主要业绩信息一览表》中涉及本次招标资格审核与加分的相关信息与投标文件所附的业绩证明材料不一致［投标人须知第1.12.3(4)目规定的细微偏差除外］的,资格审查不予通过或不予加分,并报相应交通运输主管部门按有关规定进行处理。

3.6.2 评标委员会应对在评标过程中发现的投标人与投标人之间、投标人与招标人之间存在的串通投标的情形进行评审和认定。投标人存在串通投标、弄虚作假、行贿等违法行为的,评标委员会应否决其投标。

(1)有下列情形之一的,属于投标人相互串通投标:

a. 投标人之间协商投标报价等投标文件的实质性内容;

b. 投标人之间约定中标人;

c. 投标人之间约定部分投标人放弃投标或中标;

d. 属于同一集团、协会、商会等组织成员的投标人按照该组织要求协同投标;

e. 投标人之间为谋取中标或排斥特定投标人而采取的其他联合行动。

(2)有下列情形之一的,视为投标人相互串通投标:

a. 不同投标人的投标文件由同一单位或个人编制;

b. 不同投标人委托同一单位或个人办理投标事宜;

c. 不同投标人的投标文件载明的项目管理成员为同一人;

d. 不同投标人的投标文件异常一致或投标报价呈规律性差异;

e. 不同投标人的投标文件相互混装;

f. 不同投标人的投标保证金从同一单位或个人的账户转出。

(3)有下列情形之一的,属于招标人与投标人串通投标:

a. 招标人在开标前开启投标文件并将有关信息泄露给其他投标人;

b. 招标人直接或间接向投标人泄露标底、评标委员会成员等信息;

c. 招标人明示或暗示投标人压低或抬高投标报价;

d. 招标人授意投标人撤换、修改投标文件;

e. 招标人明示或暗示投标人为特定投标人中标提供方便;

f. 招标人与投标人为谋求特定投标人中标而采取的其他串通行为。

(4)投标人有下列情形之一的,属于弄虚作假的行为:

a. 使用通过受让或租借等方式获取的资格、资质证书投标;

b. 使用伪造、变造的许可证件;

c. 提供虚假的财务状况或业绩;

d. 提供虚假的项目负责人或主要技术人员简历、劳动关系证明;

e. 提供虚假的信用状况;

f. 其他弄虚作假的行为。

第三章 评标办法

3.7 投标文件的澄清和说明

3.7.1 在评标过程中,评标委员会可以通过"电子交易平台"要求投标人对所提交投标文件中含义不明确的内容、明显文字或计算错误进行澄清或说明。评标委员会不接受投标人主动提出的澄清、说明。投标人不按评标委员会要求澄清或说明的,评标委员会应否决其投标。

3.7.2 澄清和说明不得超出投标文件的范围或改变投标文件的实质性内容(算术性错误修正的除外)。投标人的澄清、说明属于投标文件的组成部分。

3.7.3 评标委员会不得暗示或诱导投标人作出澄清、说明,对投标人提交的澄清、说明有疑问的,可以要求投标人进一步澄清或说明,直至满足评标委员会的要求。

3.7.4 凡超出招标文件规定的或给发包人带来未曾要求的利益的变化、偏差或其他因素在评标时不予考虑。

3.8 不得否决投标的情形

投标文件存在第二章"投标人须知"第1.12.3项所列情形的,均视为细微偏差,评标委员会不得否决投标人的投标,应按照第二章"投标人须知"第1.12.4项规定的原则处理。

3.9 评标结果

3.9.1 除第二章"投标人须知"前附表授权直接确定中标人外,评标委员会按照综合得分由高到低的顺序推荐中标候选人。

3.9.2 评标委员会完成评标后,应向招标人提交书面评标报告。

第三章 评标办法(经评审的最低投标价法)[①]

评标办法前附表[②]

条款号		评审因素与评审标准
1	经评审的投标价相等时优先顺序	
2.1.1 2.1.3	第一个信封形式评审与响应性评审标准	(1)投标文件第一个信封按照招标文件规定的格式、内容填写,字迹清晰可辨: 　　a.投标函按招标文件规定填报了项目名称、标段号、补遗书编号(如有)、工期及工程质量要求及安全目标、拟委任项目经理、项目技术负责人; 　　b.投标函附录的所有数据均符合招标文件规定; 　　c.投标文件组成齐全完整,内容均按规定填写。 (2)投标文件第一个信封中法定代表人电子章、投标人的单位电子公章盖章齐全,符合招标文件规定。 (3)投标人按照招标文件的规定提供了投标保证金(投标文件中无须提供证明文件),或按招标文件规定免缴投标保证金。 (4)投标人法定代表人授权委托代理人签署投标文件的,需提交授权委托书,且授权人在授权书上盖法定代表人电子章,授权书加盖投标人单位电子公章。 (5)投标人法定代表人若亲自签署投标文件的,提供了法定代表人身份证明,且法定代表人在法定代表人身份证明上签名或盖电子章。 (6)投标人是独家投标。(适用于不接受联合体投标) (6)投标人以联合体形式投标时,联合体协议书满足招标文件的要求;投标人按照招标文件提供的格式签订了联合体协议书,并明确了联合体牵头人。(适用于接受联合体投标) (7)投标人的分包计划符合招标文件第二章"投标人须知"第1.11款规定,且按第九章"投标文件格式"的要求填写"拟分包项目情况表"(若有)。 (8)同一投标人未提交两个以上不同的投标文件,但招标文件要求提交备选投标的除外。

[①] "经评审的最低投标价法"即《公路工程施工招标投标管理办法》中规定的"最低评标价法"。工程规模较小、技术含量较低的工程采用经评审的最低投标价法进行评标。

[②] "评标办法前附表"用于明确评标的方法、因素、标准和程序。招标人应根据招标项目具体特点和实际需要,详细列明全部评审因素、标准,没有列明的因素和标准不得作为评标的依据。

第三章 评标办法

续上表

条 款 号		评审因素与评审标准
2.1.1 2.1.3	第一个信封形式评审 与响应性评审标准	(9)投标文件中未出现有关投标报价的内容。 (10)投标文件载明的招标项目完成期限未超过招标文件规定的时限。 (11)投标文件对招标文件的实质性要求和条件作出响应。 (12)权利义务符合招标文件规定： 　a.投标人应接受招标文件规定的风险划分原则,未提出新的风险划分办法； 　b.投标人未增加发包人的责任范围,或减少投标人义务； 　c.投标人未提出不同的工程验收、计量、支付办法； 　d.投标人对合同纠纷、事故处理办法未提出异议； 　e.投标人在投标活动中无欺诈行为； 　f.投标人未对合同条款有重要保留。 (13)人员、业绩、履约信誉证明材料真实。 (14)①根据浙江省交通运输厅最新公布的信用评价结果,未出现投标截止日为AA级信用等级的投标人参加多于两个标段的投标,其他投标人参加多于一个标段的投标。 (15)＿＿＿＿年＿＿月1日以来,被交通运输部、浙江省交通运输厅、浙江省发展和改革委员会三部门以外的省级及以上单位(部门)书面通报限制投标,并在处罚期内的,隐瞒不报的一经查实,作否决投标处理,并视为投标人提供虚假资料,按投标人须知第3.5.11项处理。
2.1.1 2.1.3	第二个信封形式评审 与响应性评审标准	(1)投标文件第二个信封按照招标文件规定的格式、内容填写,字迹清晰可辨： 　a.投标函按招标文件规定填报了项目名称、标段号、补遗书编号(如有)、投标价(包括大写金额和小写金额),且投标人名称与第一个信封投标人名称一致； 　b.已标价工程量清单说明文字与招标文件规定一致,未进行实质性修改和删减； 　c.投标文件组成齐全完整,内容均按规定填写。 (2)投标文件第二个信封中法定代表人电子章、投标人的单位电子公章盖章齐全,符合招标文件规定。 (3)投标报价未超过招标文件设定的最高投标限价。 (4)投标报价的大写金额能够确定具体数值。 (5)同一投标人未提交两个以上不同的投标报价,但招标文件要求提交备选投标的除外。 (6)投标人未提交调价函。

---

① 房建等投标人未参加浙江省交通运输厅信用评价时修改为：投标人未参加多个标段的投标。在《浙江省公路水运建设工程从业主体信用评价管理细则》施行且发布首次信用评价结果后,本条修改为：根据浙江省交通运输厅公布的信用评价结果(以投标截止时间有效的信用评价结果为准),投标截止日当期及上一期均为AA级信用等级的投标人参加多于两个标段的投标,其他投标人参加多于一个标段的投标。

续上表

条 款 号		评审因素与评审标准
2.1.2	资格评审标准	(1)投标人具备有效的营业执照、组织机构代码证、资质证书、安全生产许可证和基本账户开户许可证。 (2)投标人的资质等级符合招标文件规定。 (3)投标人的财务状况符合招标文件规定。 (4)投标人的类似项目业绩符合招标文件规定。 (5)投标人的信誉符合招标文件规定。 (6)投标人的项目经理、项目技术负责人和安全负责人资格、在岗情况符合招标文件规定。 (7)投标人的其他要求符合招标文件规定。 (8)投标人符合第二章"投标人须知"第1.4.5项规定。① (9)以联合体形式参与投标的,联合体各方均未再以自己名义单独或参加其他联合体在同一标段中投标;独立参与投标的,投标人未同时参加联合体在同一标段中投标。
2.1.4	施工组织设计和项目管理机构评审标准	无

条 款 号		量 化 因 素	量 化 标 准
2.2	详细评审标准	评标价计算	评标价 = 投标函的文字报价

条 款 号		评审因素与评审标准

需要补充的其他内容:

条 款 号		评审因素与评审标准

---

① 本项规定仅适用于根据交通运输部《关于发布公路工程从业企业资质名录的通知》(厅公路字〔2011〕114号)要求,招标人应通过名录对投标人资质条件进行审核的公路施工企业。

第三章 评标办法

1. 评标方法

本次评标采用经评审的最低投标价法。评标委员会对满足招标文件实质要求的投标文件,按照经评审的投标价由低到高的顺序推荐中标候选人,或根据招标人授权直接确定中标人,但投标报价低于其成本的除外。经评审的投标价相等时,除评标办法前附表另有约定外,评标委员会应依照以下优先顺序推荐中标候选人或确定中标人:

(1)根据浙江省交通运输厅最新公布的信用评价结果,信用评价结果高的投标人优先;

(2)递交电子版投标文件时间较前的投标人优先。

若同一个投标人允许参加两个标段投标且在两个标段的排名均为第一名时,取其评标价高的标段作为推荐中标候选人,其他标段中不再推荐。

凡评标委员会拟作出否决投标决定的,应先向投标人进行询问核实。未进行询问核实程序的,不得作出否决投标决定(投标人所留联系方式无法联系上、在限定时间内投标人不参加询问核实或未出具答复意见的除外)。

"评标办法"中规定的否决投标情形,由评标委员会审核并经过询问核实程序,其投标文件作否决处理。除此之外招标文件中其他条款均不得作为否决投标的依据。

由于评标标准和方法前后内容不一致或者部分条款存在易引起歧义、模糊的文字,导致难以界定投标文件偏差的性质,评标委员会应当按照有利于投标人的原则进行处理。

评标委员会成员对需要共同认定的事项存在争议的,应当按照少数服从多数的原则作出结论。持不同意见的评标委员会成员应当在评标报告上以书面形式说明其不同意见和理由并签字确认。评标委员会成员拒绝在评标报告上签字又不书面说明其不同意见和理由的,视为同意评标结果。

2. 评审标准

2.1 初步评审标准

2.1.1 形式评审标准:见评标办法前附表。
2.1.2 资格评审标准:见评标办法前附表。
2.1.3 响应性评审标准:见评标办法前附表。
2.1.4 施工组织设计和项目管理机构评审标准:见评标办法前附表。

2.2 详细评审标准

详细评审标准:见评标办法前附表。

3. 评标程序

3.1 第一个信封初步评审

3.1.1 评标委员会依据本章第2.1款规定的标准对投标文件第一个信封(商务及技术文件)进行初步评审。有一项不符合评审标准的,评标委员会应否决其投标。

3.2 第二个信封开标

第一个信封(商务及技术文件)评审结束后,招标人将按照第二章"投标人须知"第5.1款规定的时间和地点对投标文件第二个信封(报价文件)进行开标。

3.3 第二个信封初步评审

3.3.1 评标委员会依据本章第2.1.1项、第2.1.3项规定的评审标准对投标文件第二个信封(报价文件)进行初步评审。有一项不符合评审标准的,评标委员会应否决其投标。

3.3.2 投标报价有算术错误的,评标委员会按以下原则对投标报价进行修正,或由招标人根据评标委员会建议在发出中标通知书前对投标报价进行修正,修正的价格经投标人确认后具有约束力。投标人不接受修正价格的,其投标作否决处理。

(1) 投标文件中的大写金额与小写金额不一致的,以大写金额为准;

(2) 总价金额与依据单价计算出的结果不一致的,以单价金额为准修正总价,但单价金额小数点有明显错误的除外;

(3) 当单价与数量相乘不等于合价时,以单价计算为准,如果单价有明显的小数点位置差错,应以标出的合价为准,同时对单价予以修正;

(4) 当各子目的合价累计不等于总价时,应以各子目合价累计数为准,修正总价;

(5) 安全生产费、暂估价、暂列金额不满足招标文件规定的,按规定的金额修正。

3.3.3 工程量清单中的投标报价有其他错误的,评标委员会按以下原则对投标报价进行修正,或由招标人根据评标委员会建议在发出中标通知书前对投标报价进行修正,修正的价格经投标人确认后具有约束力。投标人不接受修正价格的,其投标作否决处理。

(1) 在招标人给定的工程量清单中漏报了某个工程子目的单价、合价或总额价,或所报单价、合价或总额价减少了报价范围,则漏报的工程子目单价、合价和总额价或单价、合价和总额价中减少的报价内容视为已含入其他工程子目的单价、合价和总额价之中。

(2) 在招标人给定的工程量清单中多报了某个工程子目的单价、合价或总额价,或所报单价、合价或总额价增加了报价范围,则从投标报价中扣除多报的工程子目报价或工程子目报价中增加了报价范围的部分报价。

(3)当单价与数量的乘积与合价(金额)虽然一致,但投标人修改了该子目的工程数量,则其合价按招标人给定的工程数量乘以投标人所报单价予以修正。

3.3.4 修正后的最终投标报价若超过最高投标限价,其投标作否决处理。

3.3.5 修正后的最终投标报价仅作为签订合同的一个依据,不参与评标价得分的计算。

3.4 第二个信封详细评审

3.4.1 评标委员会发现投标人的报价明显低于其他投标报价,使得其投标报价可能低于其个别成本的,应要求该投标人作出书面说明并提供相应的证明材料。投标人不能合理说明或不能提供相应证明材料的,评标委员会应认定该投标人以低于成本报价竞标,并否决其投标。

3.5 投标文件相关信息的核查

3.5.1 投标人提供的任一项类似项目《主要业绩信息一览表》中涉及本次招标资格审核的相关信息与投标文件所附的业绩证明材料不一致[投标人须知第1.12.3(4)目规定的细微偏差除外]的,资格审查不予通过,并报相应交通运输主管部门按有关规定进行处理。

3.5.2 评标委员会应对在评标过程中发现的投标人与投标人之间、投标人与招标人之间存在的串通投标的情形进行评审和认定。投标人存在串通投标、弄虚作假、行贿等违法行为的,评标委员会应否决其投标。

(1)有下列情形之一的,属于投标人相互串通投标:

a.投标人之间协商投标报价等投标文件的实质性内容;

b.投标人之间约定中标人;

c.投标人之间约定部分投标人放弃投标或中标;

d.属于同一集团、协会、商会等组织成员的投标人按照该组织要求协同投标;

e.投标人之间为谋取中标或排斥特定投标人而采取的其他联合行动。

(2)有下列情形之一的,视为投标人相互串通投标:

a.不同投标人的投标文件由同一单位或个人编制;

b.不同投标人委托同一单位或个人办理投标事宜;

c.不同投标人的投标文件载明的项目管理成员为同一人;

d.不同投标人的投标文件异常一致或投标报价呈规律性差异;

e.不同投标人的投标文件相互混装;

f.不同投标人的投标保证金从同一单位或个人的账户转出。

(3)有下列情形之一的,属于招标人与投标人串通投标:

a.招标人在开标前开启投标文件并将有关信息泄露给其他投标人;

b.招标人直接或间接向投标人泄露标底、评标委员会成员等信息;

c.招标人明示或暗示投标人压低或抬高投标报价;

d. 招标人授意投标人撤换、修改投标文件；

e. 招标人明示或暗示投标人为特定投标人中标提供方便；

f. 招标人与投标人为谋求特定投标人中标而采取的其他串通行为。

(4)投标人有下列情形之一的,属于弄虚作假的行为：

a. 使用通过受让或租借等方式获取的资格、资质证书投标；

b. 使用伪造、变造的许可证件；

c. 提供虚假的财务状况或业绩；

d. 提供虚假的项目负责人或主要技术人员简历、劳动关系证明；

e. 提供虚假的信用状况；

f. 其他弄虚作假的行为。

3.6 投标文件的澄清和说明

3.6.1 在评标过程中,评标委员会可以通过"电子交易平台"要求投标人对所提交投标文件中含义不明确的内容、明显文字或计算错误进行澄清或说明。评标委员会不接受投标人主动提出的澄清、说明。投标人不按评标委员会要求澄清或说明的,评标委员会应否决其投标。

3.6.2 澄清和说明不得超出投标文件的范围或改变投标文件的实质性内容(算术性错误修正的除外)。投标人的澄清、说明属于投标文件的组成部分。

3.6.3 评标委员会不得暗示或诱导投标人作出澄清、说明,对投标人提交的澄清、说明有疑问的,可以要求投标人进一步澄清或说明,直至满足评标委员会的要求。

3.6.4 凡超出招标文件规定的或给发包人带来未曾要求的利益的变化、偏差或其他因素在评标时不予考虑。

3.7 不得否决投标的情形

投标文件存在第二章"投标人须知"第1.12.3项所列情形的,均视为细微偏差,评标委员会不得否决投标人的投标,应按照第二章"投标人须知"第1.12.4项规定的原则处理。

3.8 评标结果

3.8.1 除第二章"投标人须知"前附表授权直接确定中标人外,评标委员会按照经评审的价格由低到高的顺序推荐中标候选人。

3.8.2 评标委员会完成评标后,应向招标人提交书面评标报告。

第四章 合同条款及格式

第一节 通用合同条款

"通用合同条款"采用《标准施工招标文件》第四章第一节"通用合同条款"。

第二节 专用合同条款

A. 公路工程专用合同条款

"A. 公路工程专用合同条款"采用《公路工程标准施工招标文件》(2018年版·第一册)第四章第二节"A. 公路工程专用合同条款"。

B. 项目专用合同条款

说明:[①]

1. 招标人在根据《标准施工招标文件》《公路工程标准施工招标文件》编制项目施工招标文件中的"项目专用合同条款"时,可根据招标项目的具体特点和实际需要,对"通用合同条款"及"公路工程专用合同条款"进行补充和细化,除"通用合同条款"明确"专用合同条款"可作出不同约定以及"公路工程专用合同条款"明确"项目专用合同条款"可作出不同约定外,补充和细化的内容不得与"通用合同条款"及"公路工程专用合同条款"强制性规定相抵触。同时,补充、细化或约定的不同内容,不得违反法律、行政法规的强制性规定和平等、自愿、公平和诚实信用原则。

2. 项目专用合同条款的序号应与通用合同条款和公路工程专用合同条款一致。

3. 项目专用合同条款可对下列内容进行补充和细化:

(1)"通用合同条款"中明确指出"专用合同条款"可对"通用合同条款"进行补充和细化的内容(在"通用合同条款"中用"应按合同约定""应按专用合同条款约定""除合同另有约定外""除专用合同条款另有约定外""在专用合同条款中约定"等多种文字形式表达);

(2)"公路工程专用合同条款"中明确指出"项目专用合同条款"可对"公路工程专用合同条款"进行补充和细化的内容(在"公路工程专用合同条款"中用"除项目专用合同条款另有约定外""项目专用合同条款可能约定的""项目专用合同条款约定的其他情形"等多种文字形式表达);

(3)其他需要补充、细化的内容。

[①] 本说明供招标人编制招标文件时参考,在招标文件中可不引用。

项目专用合同条款数据表

说明：本数据表是项目专用合同条款中适用于本项目的信息和数据的归纳与提示，是项目专用合同条款的组成部分。①

序号	条目号	信 息 或 数 据
1	1.1.2.2	发包人：_____ 地　址：_____　　邮政编码：_____
2	1.1.2.6	监理人：_____ 地　址：_____　　邮政编码：_____
3	1.1.4.5	缺陷责任期：自实际交工日期起计算_____年②
4	1.6.3	图纸需要修改和补充的，应由监理人取得发包人同意后，在该工程或工程相应部位施工前_____天内签发图纸修改图和补充图给承包人
5	3.1.1	监理人在行使下列权力前需要经发包人事先批准： (6)根据第15.3款发出的变更指示，其单项工程变更涉及的金额超过了该单项工程签约时合同价的_____%或累计变更超过了签约合同价的_____%
6	5.2.1	发包人是否提供材料或工程设备：是或否 如发包人负责提供部分材料或工程设备，相关规定如下：_____
7	6.2	发包人是否提供施工设备和临时设施：是或否 如发包人负责提供部分施工设备和临时设施，相关规定如下：_____
8	8.1.1	发包人提供测量基准点、基准线和水准点及其书面资料的期限：_____ 承包人将施工控制网资料报送监理人审批的期限：_____
9	11.5(3)	逾期交工违约金：____元/天③
10	11.5(3)	逾期交工违约金限额：____%签约合同价④
11	11.6	提前交工的奖金：____元/天
12	11.6	提前交工的奖金限额：____%签约合同价

---

① 第九章"投标文件格式"的投标函附录中的数据（供投标人确认）与本表所列有重复。编写招标文件的单位应仔细校核，不使数据出现差错或不一致。
② 缺陷责任期一般应为自实际交工日期起计算2年，机电工程为1年。
③ 逾期交工违约金一般为1‰~2‰签约合同价。
④ 逾期交工违约金限额一般应为10%签约合同价。

续上表

序号	条目号	信息或数据
13	15.5.2	承包人提出的合理化建议降低了合同价格或者提高了工程经济效益的,发包人按所节约成本的____%或增加收益的____%给予奖励
14	16.1	□因物价波动引起的价格调整按照第16.1.1项或第16.1.2项约定的原则处理。 若按第16.1.1项的约定采用价格调整公式进行调价,每半年或一年按价格调整公式进行一次调整① □合同期内不调价②
15	17.2.1(1)	开工预付款金额:10%签约合同价③
16	17.2.1(2)	材料、设备预付款比例:____等主要材料、设备单据所列费用的____%④
17	17.3.2	承包人在每个付款周期末向监理人提交进度付款申请单的份数:____份
18	17.3.3(1)	进度付款证书最低限额:____%签约合同价或____万元
19	17.3.3(2)	逾期付款违约金的利率:____‰/天⑤
20	17.4.1	质量保证金金额:1.5%合同价格,允许采用现金、支票或工程保函(包括银行保函、保险机构保证保险保单和融资担保公司保函)形式。 质量保证金是否计付利息: □是,利息的计算方式:_____ □否
21	17.5.1(1)	承包人向监理人提交交工付款申请单(包括相关证明材料)的份数:____份
22	17.6.1(1)	承包人向监理人提交最终结清申请单(包括相关证明材料)的份数:____份
23	18.2(2)	竣工资料的份数:____份
24	18.5.1	单位工程或工程设备是否需投入施工期运行:是或否 如单位工程或工程设备需要进行施工期运行,需要施工期运行的单位工程或工程设备规定如下:_____

① 调价宜采用第16.1.2项采用造价信息调整价格差额。
② 对于工程规模不大、工期在一年以内的工程,可以不进行调价。
③ 开工预付款金额:招标人不得随意降低或取消。
④ 指主要材料,最低不少于60%。
⑤ 相当于全国银行间同业拆借中心发布的贷款市场报价利率(LPR)(1年期)加手续费。招标人不能自行取消本项内容或降低利率。

续上表

序号	条目号	信息或数据
25	18.6.1	本工程及工程设备是否进行试运行：是或否 如本工程及工程设备需要进行试运行，试运行的具体规定如下：＿＿＿＿
26	19.7(1)	保修期：自实际交工日期起计算＿＿＿年①
27	20.1	建筑工程一切险的保险费率：＿＿＿‰
28	20.4.2	第三者责任险的最低投保金额：＿＿＿万元，事故次数不限（不计免赔额） 保险费率：＿＿＿‰
29	24.1	争议的最终解决方式：仲裁或诉讼 如采用仲裁，仲裁委员会名称：＿＿＿＿＿＿＿＿＿＿＿＿＿＿

---

① 保修期与缺陷责任期重合，一般应为自实际交工日期起计算 2 年（房建、机电工程另行规定）。

项目专用合同条款

说明:本"项目专用合同条款"根据本项目的特点和实际需要,是对"通用合同条款""公路工程专用合同条款"的补充、细化或约定,应对照"通用合同条款""公路工程专用合同条款"中同一编号的条款一起阅读和理解。

1. 一般约定

1.1 词语定义

1.1.1 合同

第1.1.1.8目细化为:

1.1.1.8 已标价工程量清单:指构成合同文件组成部分的已标明价格、经算术性错误修正及其他错误修正(如有)且承包人已确认的最终的工程量清单,包括工程量清单说明、投标报价说明、其他说明及工程量清单各项表格(工程量清单表____、表____、……)。

第1.1.2.8目细化为:

1.1.2.8 承包人项目技术负责人:指由承包人书面委派常驻现场负责管理本合同工程的总工程师或技术总负责人,与公路工程专用合同条款中的承包人项目总工具有相同的含义。

1.4 合同文件的优先顺序

本款约定为:

组成合同的各项文件应互相解释,互为说明。解释合同文件的优先顺序如下:

(1)合同协议书及各种合同附件(含廉政合同、安全生产合同、工程质量责任合同、工程资金监管协议及评标期间和合同谈判过程中的澄清文件和补充资料);
(2)中标通知书;
(3)投标函及投标函附录;
(4)项目专用合同条款(含招标文件补遗书中与此有关的部分);
(5)公路工程专用合同条款;
(6)通用合同条款;
(7)工程量清单计量规则(含招标文件补遗书中与此有关的部分);
(8)项目专用技术规范(含招标文件补遗书中与此有关的部分);
(9)通用技术规范;
(10)图纸(含招标文件补遗书中与此有关的部分);
(11)已标价工程量清单;

(12)承包人有关人员、设备投入、财务能力的承诺及投标文件中的施工组织设计；

(13)其他合同文件。

2. 发包人义务

2.6 支付合同价款

本款补充：

发包人将按照合同约定的比例，将应支付工程款中的人工费单独拨付到承包人项目所在地开设的农民工工资(劳务费)专用账户。人工费比例为：_____。[①]

2.8 其他义务

本款补充：

要求承包人提供履约保证金的，发包人应向承包人提交和履约保证金对等金额的支付担保。发包人应在签署合同协议书后28天内，按照金额和条件对等的原则，按招标文件规定的格式或者其他经承包人事先认可的格式向承包人提交一份支付担保。支付担保的有效期同履约保证金。支付担保应在发包人付清交工付款之后28天内退还给发包人，承包人不承担发包人与支付担保有关的任何利息或其他费用或收益。

4. 承包人

4.1 承包人的一般义务

4.1.3 完成各项承包工作

本项补充：

承包人应在签订合同协议书后14天内为本合同实施设立现场项目经理部，该项目经理部应成为承包人授权的代理人或代表的合法机构，承包人应保证该项目经理部履行职责直至合同期满为止。

4.1.10 其他义务

本项第(2)目细化为：

(2)承包人应承担并支付为获得本合同工程所需的石料、砂、砾石、黏土或其他当地材料等所发生的料场使用费及其他开支或补偿费。发包人应尽可能协助承包人办理料场租用手续及解决使用过程中的有关问题。

发包人协助办理的成功与否，不免除根据合同文件规定的承包人的一切责任。

本项第(3)目细化为：

---

① 人工费参考比例为：路基10%，桥梁12%(其中装配式施工桥梁9%)，隧道15%，路面5%，房建15%，交安机电6%。各项目可参考上述比例，结合工程实际情况确定人工费用合理比例。

(3)承包人在本工程中,应严格执行国家、浙江省及项目所在地政府有关拖欠工程款和农民工工资相关法律法规及规定,及时支付工程中的材料、设备货款及农民工工资等费用。承包人不得以任何借口拖欠材料、设备货款及农民工工资等费用,如果出现此种现象,发包人有权代为支付其拖欠的材料、设备货款及农民工工资,并从应付给承包人的工程款中扣除相应款项。对恶意拖欠和拒不按计划支付的,作为不良记录纳入"浙江省交通运输信用综合管理服务系统"。

承包人的项目经理部是农民工工资支付行为的主体,承包人的项目经理是农民工工资支付的责任人。项目经理部要建立全体农民工花名册和工资支付表(包含分包单位),确保将工资直接发放给农民工本人,或委托银行发放农民工工资,严禁发放给"包工头"或其他不具备用工主体资格的组织和个人。工资支付表应如实记录支付单位、支付时间、支付对象、支付数额、支付对象的身份证号和签字等信息。农民工花名册和工资支付表应报监理人备查。

承包人应按规定缴纳农民工工资保证金。

承包人应在用工后15天内与农民工签订劳动合同,根据劳动合同签订情况,统计农民工人数,按照实际人数办理记工考勤卡。项目完工后或农民工提前离开工地,承包人应在合同约定期限之内对农民工工资进行结算,并一次性付清所有应发放的工资。同时承包人应在项目经理部和新闻媒介上分阶段公示农民工工资支付情况,并公开2个监督电话(电话为当地交通运输主管部门和劳动保障部门等第三方单位可打通的号码),公示期符合相关规定。承包人应加强劳动合同管理,规范公路建设用工行为。不拖欠农民工工资,及时、足额发放农民工工资。

本项第(6)目细化为:

(6)承包人应按照浙江省交通运输厅《浙江省高速公路建设工程标准化工地管理规定》《关于印发浙江省深化高速公路施工标准化活动实施方案的通知》《浙江省交通建设工程平安工地建设管理实施办法》和交通运输部《关于开展高速公路施工标准化活动的通知》《高速公路施工标准化技术指南》《关于开展公路水运工程"平安工地"考核评价工作的通知》等相关部门的要求进行工地标准化、施工标准化和管理标准化建设和安全、文明施工。①

承包人应按照浙江省交通运输厅《关于印发浙江省普通国省道公路建设工程标准化工地建设管理和考核办法(试行)的通知》《浙江省交通建设工程平安工地建设管理实施办法》和交通运输部《关于开展公路水运工程"平安工地"考核评价工作的通知》等相关部门的要求进行工地标准化、施工标准化和管理标准化建设和安全、文明施工。②

本项补充第(7)~(19)目:

(7)项目审计(含跟踪审计)、稽查和检查等的配合。

a.与本工程项目相关的审计和稽查,承包人应高度重视并委派专人积极予以配合;

---

① 适用于高速公路工程。
② 适用于普通国省道工程。

b.有关单位对本项目的各种检查等活动,承包人有义务予以积极配合开展各项工作;

c.本工程项目有关的各类统计报表、汇报材料包括交(竣)工验收和项目后评价报告等,承包人有义务配合发包人做好编制工作并提供相应的资料;

d.承包人应按发包人、监理人和有关文件要求,建立相应的计量、支付和变更台账,同时承包人应配合发包人、监理人建立相应的台账,并保持其持续有效直至工程决算完成。

(8)与第三方检测、监控、科研单位的配合。

a.承包人必须积极配合、协助第三方检测、监控、科研等单位的工作,委派专人做好配合工作;

b.承包人应熟悉第三方检测、监控、科研等单位的检测、监控、科研实施方案和流程,配合工作也应有相应的方案,该方案须经监理人审批同意;

c.施工检测、监控、科研过程中,应在监理人的统一调配下,承包人应尽可能地提供人员、材料、设备的便利,以便施工检测、监控、科研工作顺利进行;

d.承包人应参与检测、监控、科研资料的总结与分析工作。

(9)地方道路、分流道路的维护和管理。

承包人在使用现有地方道路和分流道路过程中,必须采取一切措施确保车辆正常通行,做到施工、通车两不误。承包人应针对通车路段的施工特点,提出通车路段的施工维护、交通组织方案,报监理人及相关职能部门批准,并认真组织实施。施工方案和措施应包括:

a.成立维护、管理组织,负责正常道路维护和交通管理工作;

b.配备交通管理标志,指定专人维护交通秩序;

c.加强与交警、公路管理等职能部门联系,争取交警、公路管理部门等的参与,建立切实可行的交通管理制度。

由于承包人措施不力,导致阻车和事故频发或损坏现有地方道路及分流道路,影响交通安全和正常运行,并造成重大影响,引起索赔、赔偿、诉讼费用及工程拖延或施工费用增加时,应由承包人承担一切责任和费用。

(10)承包人应配合发包人做好征地拆迁的配合工作,必要时应无偿提供人力、设备以及材料等方面的支持配合,承包人因此增加的费用应认为已包括在合同价之中,发包人不另行支付。

(11)几个承包人或与相邻标段或与相邻项目在同一区域内施工时,监理人有权协调工程的实施,并对工程衔接作出指示,承包人应在监理人的统一协调下工作,承包人因此增加的费用应认为已包括在合同价之中,发包人不另行支付。

(12)未经发包人事先批准,承包人不得在任何报纸、商业或技术文献上刊登或披露任何与本合同或与本工程有关的详细资料。

承包人不应在现场或施工设施上展示或允许展示任何贸易和商业性广告。在工地现场张贴布告,应事先得到监理人的批准,当监理人指示撤除时,应立即执行。

（13）承包人不得将任何种类的爆破器材给予、易货或以其他任何方式转给他人，承包人应遵守《中华人民共和国民用爆炸物品管理条例》。承包人在进行爆破施工前应当编制详细实施性施工方案、安全专项方案以及进行相关的试爆工作的实施方案，并报经监理人及相关部门审批认可，同时应综合考虑爆破振动、落物等负面因素对正在运营的高速公路、电力、通信等周边设施、建筑物和环境等的影响，承包人应加强施工过程中的监控量测工作，制定相应的预警预控机制和安全应急预案，避免对上述设施造成破坏，否则，由此引起的一切费用均由承包人承担。

（14）工程完工后，承包人所在标段的遗留问题，如（不限于）：河道清理、渣土清运、临时用地（含取、弃土场等）的复耕复绿、老桥拆除混凝土垃圾的清理外运解小、建筑垃圾和渣土清运、临时工程的清除、赔偿，因承包人施工原因造成的受损地方道路、桥梁或其他公共设施等，承包人应积极主动进行处理、解决、修复和恢复等，并承担所有费用。如果上述问题在发包人规定的期限内不能解决，发包人有权单独或委托其他单位进行处理，发生的全部费用由承包人承担。

（15）承包人应按照浙江省交通运输厅《关于在我省政府投资公路水运建设工程中推行安全质量远程视频监控系统的通知》《关于进一步加强我省公路水运建设工程安全质量远程视频监控系统建设和管理的通知》《关于扎实做好在建项目安全质量远程视频监控系统资源整合接入工作的通知》做好相关工作。

（16）承包人应按照浙江省交通运输厅《关于进一步深化公路工程施工标准化开展"美丽班组"创建活动的通知》做好相关工作。

（17）承包人应按照浙江省交通运输厅《浙江省公路水运工程质量提升三年专项行动方案（2021—2023）》做好相关工作。

（18）承包人应按照浙江省交通运输厅《浙江省公路水运工程施工原材料和产品质量管理若干规定》做好相关工作。

（19）承包人应按照浙江省交通运输厅《浙江省公路水运工程项目智慧建设三年专项行动实施意见》做好相关工作。

……

4.3 分包

第4.3.3(1)目补充：

不允许分包的工程内容为：＿＿＿＿＿＿＿＿＿＿＿＿＿＿＿＿＿＿。

承包人在中标后补充提交分包计划的，应按规定及时向监理人提交分包计划并经发包人批准后，可以依法实施分包。

第4.3.7项细化为：

4.3.7 本项目的各项分包工作均应遵守《公路工程施工分包管理办法》及《浙江省公路水运工程施工分包和劳务合作管理实施细则》的有关规定。

4.6 承包人人员的管理

第4.6.3项补充：

承包人项目经理、项目技术负责人及安全负责人应签署承诺书，承诺按招标文件规定到位，若有更换，同意按《浙江省公路水运建设工程从业主体信用评价管理细则》扣分或纳入负面清单管理。

本款补充第4.6.6项~第4.6.8项：

4.6.6 承包人的所有管理、施工人员(包括分包队伍)需着统一的明显标志服，夜间须为反光标志服，同时须符合相关安全管理的规定，并按不同岗位佩证上岗。

4.6.7 承包人项目经理、项目技术负责人及主要管理人员的出勤需进行考勤。项目经理及项目技术负责人离开工地必须向监理人书面请假，并经发包人同意后才能离开；每月在工地天数应大于20天(特殊情况经监理人批准报发包人同意例外)。

4.6.8 除因管理原因发生重大质量安全事故不适合再任，因生病住院、终止劳动合同关系(需提供相关部门或单位的证明材料)等无法继续履行合同责任和义务，被责令停止执业、羁押或判刑外，承包人不得提出更换项目经理、项目技术负责人。符合上述规定确需更换的，应征得发包人同意，并经有关行业行政主管部门备案，且更换后的人员不得低于原投标承诺人员所具有的资格和业绩条件。

4.8 保障承包人人员的合法权益

第4.8.3项补充：

承包人应至少设一名具有一定卫生常识及传染病防治知识的卫生督查员，负责承包人所在施工现场的传染病检查、控制、报告。

一旦爆发任何具有传染性的疾病时，承包人应遵守并执行当地政府或卫生防疫部门为防治和消灭上述传染病蔓延而制定的规章、命令和要求。建立人员流动登记制度、信息报告制度，与当地卫生防疫部门积极合作，做好各项防范措施的落实工作。

4.11 不利物质条件

4.11.1 不利物质条件的范围：_____

6. 施工设备和临时设施

6.1 承包人提供的施工设备和临时设施

本款补充第6.1.3项：

6.1.3 承包人按照合同附件提出的最低要求填报的主要机械设备和试验检测设备，在经招标人审批后作为主要设备不得任意更换。

6.3 要求承包人增加或更换施工设备

本款补充：

承包人的机械、车辆必须证（照）齐全，三无车辆不得进场。

违反本款规定，则按第22.1款承包人违约处理。

7. 交通运输

7.2 场内施工道路

第7.2.2项约定为：

7.2.2 承包人应允许发包人、监理人及发包人安排的其他相关人员无偿使用由承包人修建和维护的临时道路、桥梁等设施。承包人应允许与发包人签订有承包合同的其他承包人或其工作人员使用由承包人修建和维护的临时道路、桥梁等设施；如其他承包人或其工作人员在使用中对临时设施有损坏时，承包人可通过监理人指出由其他承包人给予修复或赔偿的要求。

9. 施工安全、治安保卫和环境保护

9.2 承包人的施工安全责任

第9.2.5项约定为：

9.2.5 安全生产费用应为招标人公布的工程量清单预算的2%。安全生产费用应用于施工安全防护用具及设施的采购和更新、安全施工措施的落实、安全生产条件的改善，不得挪作他用。如承包人在此基础上增加安全生产费用以满足项目施工需要，则承包人应在本项目工程量清单其他相关子目的单价或总额价中予以考虑，发包人不再另行支付。因采取合同未约定的特殊防护措施增加的费用，由监理人按第3.5款商定或确定。

承包人还应执行《浙江省交通建设工程质量和安全生产管理条例》的相关规定和要求。安全生产费的使用和支付按《浙江省交通建设工程安全生产费用管理办法》的相关要求以及相关最新规定办理。

第9.2.8(1)目细化为：

(1)按《公路水运工程安全生产监督管理办法》《浙江省交通建设工程质量和安全生产管理条例》《浙江省交通建设工程质量和安全生产监督工作实施办法》《关于进一步加强全省交通建设工程安全生产管理工作的若干规定》《省交通运输厅安委办关于印发〈浙江省交通建设工程施工安全十条规定〉的通知》配备固定专职安全生产管理人员，并履行安全生产管理人员职责。

第四章 合同条款及格式

第9.2.8(4)目细化为：

(4)根据本合同各单位工程的施工特点,严格执行《公路水运工程安全生产监督管理办法》《浙江省交通建设工程质量和安全生产管理条例》《浙江省交通建设工程质量和安全生产监督工作实施办法》《关于进一步加强全省交通建设工程安全生产管理工作的若干规定》《省交通运输厅安委办关于印发〈浙江省交通建设工程施工安全十条规定〉的通知》《公路工程施工安全技术规范》等有关规定。

第9.2.8项补充第(5)目：

(5)严格按批准的实施性交通安全组织方案做好施工安全相关组织管理工作。

补充第9.2.12项~第9.2.19项：

9.2.12 承包人应按照《浙江省交通建设工程施工安全风险管理办法》,在施工标段开工前负责组织开展专项风险评估工作,承包人因此增加的费用认为已包括在合同价中,发包人不另行支付。

9.2.13 承包人应对危险性较大的分部分项工程按照《浙江省交通建设危险性较大的分部分项工程专项施工方案管理办法》要求做好专项施工方案编制、审查等工作。由施工引起涉及各类管线的,由承包人负责安全评估等相关工作,以保证施工安全。由施工引起的涉河、涉水等审批应由承包人负责。承包人所采取的所有措施以及因此增加的费用(含技术、安全论证专题费、风险评估费用、聘请专家的会务费、安评、审批等)应认为已包括在合同价中,发包人不另行支付。危大工程、关键工序施工时,施工单位项目负责人必须现场带班作业,并指定专业技术人员现场落实方案实施。

9.2.14 在合同执行期间,承包人应执行发包人和行业主管部门下发的安全生产管理的相关规定和文件。

9.2.15 在合同执行期间,因承包人原因引起的交通事故,其所涉及的停工、索赔、赔偿、诉讼费用及工程拖延或施工费用增加时,应由承包人承担一切责任和费用。

9.2.16 承包人要加强源头控制,落实安全管理责任,切实做好施工车辆、施工路段管理。一是强化源头管理,对施工车辆上路条件、安全技术状况和资质进行严格把关。二是加强检查力度,严禁施工车辆超载、违法载人以及遮挡号牌、无牌上路等违法行为。三是做好施工路段管控,严格按照有关标准设置明显的安全警示标志,采取安全防护措施,引导施工路段车辆安全通行,严禁非施工作业车辆进入施工区域。

9.2.17 承包人原则上不得安排夜间施工,确需施工的,必须制定专项方案,报发包人批准。夜间施工时,承包人项目负责人必须现场带班作业,并指定工程管理人员和专职安全生产管理人员监督现场施工。

9.2.18 承包人应按照《交通运输部 应急管理部关于发布〈公路水运工程淘汰危及生产安全施工工艺、设备和材料目录〉的公告》《浙江省交通运输厅关于发布〈浙江省公路水运工程落后施工工艺、设备和材料的淘汰目录(第一批)〉的通知》等规定,严格淘汰危及生产安全和落后的施工工艺、设备和材料。

9.2.19 设计施工总承包和联合体牵头单位对施工安全生产负总责,必须设立项目安全生产管理机构,与成员单位签订安全生产专项协议,明确安全生产工作和管控要求。

违反本款规定,则按第22.1款承包人违约处理。

9.4 环境保护

本款补充第9.4.12项:

9.4.12 承包人在施工中应当贯彻"不破坏就是最大的保护"思想,尊重自然植被地貌,原则上不准在主线视线范围内设置借土场(取土坑)、弃土场(弃渣场),确需要的,承包人须采取复绿、排水及防护等措施,保证公路沿线美观、和谐、环保。

承包人对借土场(取土坑)、弃土场(弃渣场)以及其他临时用地须按照设计图纸或承包人自行调查确定,选取工作须报监理人审批、发包人同意,并履行相关职能部门的报批程序后,方可开展施工,所采取的复绿、复耕、排水及防护等措施须通过相关部门的环评、水保、土地等验收,承包人所采取的所有措施以及因此增加的费用应认为已包括在合同价中,发包人不另行支付。若承包人无视借土场、弃土场的环保、水保等的处理要求,发包人有权指定第三方专业施工队伍履行承包人的上述义务,因此所发生的所有费用将在承包人的计量款中直接扣除。

10. 进度计划

10.1 合同进度计划

本款中

承包人编制施工方案的内容应包括(但不限于):

(1)总体施工组织布置及规划;

(2)主要工程项目的施工方案、方法与技术措施(尤其对重点、关键和难点工程的施工方案、方法及其措施);

(3)工期保证体系及保证措施;

(4)工程质量管理体系及保证措施;

(5)安全生产管理体系及保证措施;

(6)环境保护、水土保持保证体系及保证措施;

(7)文明施工、文物保护保证体系及保证措施;

(8)项目风险预测与防范,事故应急预案;

(9)其他应说明的事项以及相应的图表。

本条补充第10.5款:

10.5 季度计划、月度计划、旬计划

(1)季度计划

承包人在总体计划(年度计划)总体要求下编制季度计划,其格式统一按发包人批准后下发的填报要求执行。季度计划必须保持总体计划(年度计划)的实现。季度计划应在上一个季度的最后一个月的25日前提交给监理人。

(2)月度计划

承包人在季度计划的要求下编制月度计划,其格式统一按发包人批准后下发的填报要求执行。月度计划必须保持季度计划的实现。月度计划如未能完成,应在文字介绍里详述原因,并在剩余工期中的下一阶段进度试刊中补回来,且详述补救措施。

(3)旬计划

承包人应根据批复的月度计划编制旬计划,并按要求定期向发包人上报旬计划及完成情况汇报资料。

11. 开工和交工

11.4 异常恶劣的气候条件

本款约定为:

(1)异常恶劣的气候条件,对本项目而言,是指发生龙卷风、工地受淹、超过桥梁设计洪水位以及不利降水等引起延误的情况。

(2)不利降水的衡量标准为:

a. 按本省气象部门统计的项目所在地降水资料,取最近二十年的年平均降水天数为标准;

b. 按项目所在地实际统计的年降水天数与 a 所指的年降水天数之差,每年计算一次。

(3)异常恶劣气候的时间,监理人将根据承包人的申请和提交的证明予以评定,但在评定时还将考虑按同等标准,用施工期限内其他月份良好的气候的时间予以抵补。恶劣气候在每个月对工程进度影响的评定,应在整个合同期内予以累计。

(4)若恶劣气候只是对局部工程有影响,承包人应采取合同措施予以弥补,而不能推迟工程的总工期。

(5)受本款所述的恶劣气候影响的分项工程,必须在工程施工进度网络计划的关键线路上,监理人方能考虑延长工程总工期。

12. 暂停施工

12.1 承包人暂停施工的责任

本款第(6)项约定为:

(6)由承包人承担的其他暂停施工:_____

13. 工程质量

13.1 工程质量要求

第13.1.1项约定为：

13.1.1 工程质量验收按技术规范及《公路工程质量检验评定标准》执行。本工程的质量目标为:标段工程交工验收的质量评定：＿＿＿＿＿＿＿＿＿＿；标段工程竣工验收的质量评定：＿＿＿＿＿＿＿＿＿＿。①

13.2 承包人的质量管理

第13.2.4项细化为：

13.2.4 承包人应当建立健全工程质量保证体系，制定质量管理制度，强化工程质量管理措施，完善工程质量目标保障机制；严格遵守国家有关法律、法规、规章及《浙江省交通建设工程质量和安全生产管理条例》，严格执行公路工程强制性技术标准、各类技术规范及规程，全面履行工程合同义务。

13.5 工程隐蔽部位覆盖前的检查

第13.5.1项补充：

隐蔽工程覆盖前应经监理人检查签认，分阶段(工序)进行摄像或照相，并向监理人提供相关资料作为计量支付的依据。

本条补充第13.7款：

13.7 质量抽检

主管交通工程质量监督机构有权对承包人施工质量随时进行抽检，并通过监理人对工程质量实施否决，承包人应积极配合并免费提供试验用的试件。承包人为配合上述工作发生的材料、机械、人员及试验和检验等费用不另行支付。

14. 试验和检验

14.1 材料、工程设备和工程的试验和检验

第14.1.3项细化为：

14.1.3 监理人对承包人的试验和检验结果有疑问的，或为查清承包人试验和检验成果的可靠性要求承包人重新试验和检验的，可按合同约定由监理人与承包人共同

---
① 应与投标人须知前附表第1.3.3项相一致。

进行,或由监理人委托给第三方独立的检验单位,该检验单位必须具有国家技术监督局或专业机构的认证资格。重新试验和检验的结果证明该项材料、工程设备或工程的质量不符合合同要求的,由此增加的费用和(或)工期延误由承包人承担;重新试验和检验结果证明该项材料、工程设备和工程符合合同要求,由发包人承担由此增加的费用和(或)工期延误,并支付承包人合理利润。

15. 变更

15.3 变更程序

第15.3.4项细化为:

15.3.4 设计变更程序应执行交通运输部《公路工程设计变更管理办法》和浙江省交通运输厅《关于进一步加强我省高速公路工程重大较大设计变更管理的通知》的相关规定和要求。[①]

15.3.4 设计变更程序应执行交通运输部《公路工程设计变更管理办法》和浙江省交通运输厅《关于印发浙江省普通国省道干线公路工程设计变更管理实施细则的通知》的相关规定和要求。[②]

15.4 变更的估价原则

第15.4.4项细化为:

15.4.4 已标价工程量清单中无适用或类似子目的单价,按以下原则进行组价:

(1)按交通运输部《公路工程建设项目概算预算编制办法》(JTG 3830—2018)、《公路工程预算定额》(JTG/T 3832—2018)、《公路工程机械台班费用定额》(JTG/T 3833—2018)、《浙江省交通运输厅转发交通运输部2018年第86号公告的通知》《财政部税务总局海关总署关于深化增值税改革有关政策的公告》等有关文件及浙江省补充定额进行组价;取费时施工场地建设费和安全生产费不得计取。

(2)无法套用上述定额和取费标准的,借用水运、市政、水利、铁路、建筑定额消耗,参照公路组价办法进行组价。上述定额有区域性的,优先适用浙江定额与取费标准。若仍难以确定变更单价,可按照实际的施工工艺经测算后合理确定工料机消耗量进行组价。

(3)组价时,材料、机械台班单价按投标截止日前28天所在月份浙江省交通工程管理中心发布的《质监与造价》上的信息价计算(该期《质监与造价》无材料价格但前两期《质监与造价》有材料价格的,可按最新期材料价格计算);《质监与造价》中也无信息价的,参考同期项目所在地《建设工程造价信息》中的信息价;《建设工程造价信息》中也无信息价的,参考投标人单价分析表中载明的合理的材料和机械台班单价,若仍无法确定单价的,由监理人询价确定。

---

① 适用于高速公路工程。
② 适用于国省道、重要县道工程。

(4)根据上述原则组价的综合单价,乘以承包人的投标价与招标时公布的工程量清单预算价的比例,作为该子目的单价。

16. 价格调整

16.1 物价波动引起的价格调整

第16.1.2项约定为:

16.1.2 采用造价信息调整价格差额

在本合同执行期间,对用于永久性工程的_____①进行价格调差。具体范围为:

序号	清单子目	调差内容
1	第200章所有子目(含变更增加子目)	宕渣、……
2	第300章所有子目(含变更增加子目)	碎石、沥青、……
3	第400章所有子目(含变更增加子目)	钢筋、水泥、钢绞线、……
	……	

(1)基期价格②

_____

(2)当期价格

承包人计量申报日期前一个月项目所在地的信息价平均值(浙江省交通工程管理中心发布的《质监与造价》中_____市信息价平均值)为当期价格。

(3)调差方法

a. 数量

_____根据计量的数量,_____根据《公路工程预算定额》及补充定额消耗量进行计算。

b. 差价:差价 = 当期价格 – 基期价格。

c. 调整差价

若差价不超过基期价格的 ±5%(含),则不进行调差,若差价超过基期价格的 ±5%,则进行调差,调整差价为差价超过 ±5% 部分。

(4)调差周期

施工过程中每月调整一次,以当月计量工程量为准,在当月份的进度付款证书中反映。

---

① 主要材料,包括钢材、水泥、沥青、外购地方材料等,调整差价范围一般为 ±5%。
② 一般取含税信息价,地材可按设区市信息价平均值(或相邻设区市信息价平均值)对应。当期价格应与基期价格相对应。

(5)调差程序

由承包人提出价格调差计算表,报监理人审核,由发包人审定。

(6)发包人仅对上述材料价格进行调差,其他费用不再调整。

17. 计量与支付

17.1 计量

17.1.5 总价子目的计量

本项目工程量清单中以总额为计量单位的总价子目,除安全生产费和暂估价外,实行总价包干,合同履行过程中不予调整。

总价子目的支付原则和支付进度见第八章"工程量清单计量规则"。

17.3 工程进度付款

17.3.5 农民工工资保证金

农民工工资保证金的缴存时间:_____

农民工工资保证金的缴存金额:_____

农民工工资保证金的扣留条件:_____

农民工工资保证金的返还时间:_____

17.4 质量保证金

第17.4.1项细化为:

17.4.1 交工验收证书签发后14天内,承包人应向发包人缴纳质量保证金。质量保证金可以采用现金、支票或工程保函形式[按照《关于在全省工程建设领域改革保证金制度的通知》(浙建〔2020〕7号),工程保函包括银行保函、保险机构保证保险保单和融资担保公司保函],金额应符合项目专用合同条款数据表的规定。采用工程保函时,出具保函的机构须具有相应担保能力,且按照发包人批准的格式出具,所需费用由承包人承担。

质量保证金采用现金、支票形式提交的,发包人应在项目专用合同条款数据表中明确是否计付利息及利息的计算方式。

18. 交工验收

18.9 竣工文件

本款细化为:

竣工文件应按交通运输部《公路工程竣(交)工验收办法》和浙江省交通运输厅《浙江省公路工程竣工文件编制办法》《浙江省公路工程竣(交)工验收办法》等编制。在缺陷责任期内应为竣工验收补充竣工资料,并在缺陷责任期满45天之前提交。承包人还应按交通运输部《交通基本建设项目竣工决算报告编制办法》的规定和要求编制(由承包人实施的部分)竣工决算一式六套,提交监理人审核,同时应提交全套竣工资料的电子文档刻录光盘或其他电子存储介质,费用由承包人承担。

承包人应综合考虑本项目阶段性交工、节点工程试运营、验收等的特殊性,按规定整理完成并经阶段性验收合格后,最后按整个项目进行汇总整理及评定。承包人因此增加的费用应认为已包括在投标价之中,发包人不另行支付。

竣工文件中涉及施工及监理文件的有关表式,应按《浙江省公路建设项目施工统一用表管理系统》规定的统一试验用表选用。

本条补充第18.10款:

18.10 工程档案管理

承包人必须确保工程施工原始资料与工程进度同步完成,并由专人负责档案管理工作,同时按照《中华人民共和国档案法》、交通运输部《公路建设项目文件材料立卷归档管理办法》《浙江省公路工程竣工文件编制办法》《重大建设项目档案验收办法》《浙江省档案登记备份管理办法》以及交通运输部《公路工程竣(交)工验收办法》等有关规定做好工程竣工资料的编制,必须配备具有档案资质的专职人员负责竣工档案编制,且人员应稳定,未经发包人同意不得变更。承包人在工程施工结束并在发包人要求的规定时间内,通过档案专项验收,并移交所有工程档案资料、工程竣工结算报告给发包人。

省重点建设项目应按《浙江省重点建设项目档案登记备份办法》做好建设项目档案登记备份工作。

20. 保险

20.2 人员工伤事故的保险

20.2.1 承包人员工伤事故的保险

本项补充:

承包人应按《浙江省人力资源和社会保障厅等六部门转发人力资源社会保障部等六部门关于铁路、公路、水运、水利、能源、机场工程建设项目参加工伤保险工作的通知》要求,根据项目所在地规定在开工前及时缴纳工伤保险。

20.5 其他保险

本款约定为:

承包人应为其施工设备等办理保险,其投保金额应足以现场重置。

承包人应办理法律法规规定必须投保的其他保险。

承包人为本项目办理保险的一切费用,除在工程量清单中另有列明外,均视为已包含在合同价中,不另行支付。

20.6 对各项保险的一般要求

20.6.4 保险金不足的补偿

本项补充:

保险金的赔偿金额以有资质的公估单位确定的金额为准,免赔额和超过赔偿限额的部分由承包人承担。

21. 不可抗力

21.1 不可抗力的确认

第21.1.1项(6)目约定为:
(6)不可抗力的其他情形:_____

22. 违约

22.1 承包人违约[①]

22.1.1 承包人违约的情形

本项细化为:

(1)承包人违反第1.8款或第4.3款的约定,私自将合同的全部或部分权利转让给其他人,或私自将合同的全部或部分义务转移给其他人;

(2)承包人违反第5.3款或第6.4款的约定,未经监理人批准,私自将已按合同约定进入施工场地的施工设备、临时设施、材料或工程设备撤离施工场地;

(3)承包人违反第5.4款的约定使用了不合格材料或工程设备,工程质量达不到标准要求,又拒绝清除不合格工程;

(4)承包人未能按合同进度计划、节点计划及时完成合同约定的工作,已造成或预期造成工期延误;

(5)承包人在缺陷责任期内,未能对工程接收证书所列的缺陷清单的内容或缺陷责任期内发生的缺陷进行修复,而又拒绝按监理人指示再进行修补;

(6)承包人无法继续履行或明确表示不履行或实质上已停止履行合同;

(7)项目已具备开工条件,因承包人原因,承包人未能按期开工;

(8)承包人违反第6.1款或第6.3款的规定,未按承诺或未按监理人的要求及时配

[①] 一般不再增加违约条款,如确需增加的,必须符合法律、法规和规章规定。

备合同约定的关键施工设备；

(9)经监理人和发包人检查，发现承包人违反9.2项约定有安全问题或有违反安全管理规章制度的情形；

(10)承包人违反第13.1.1项的约定，工程质量未达到标段竣工验收的质量评定要求的；

(11)承包人违反第4.9款及17.2款的约定，将发包人支付给承包人的各项价款转移或用于其他工程；

(12)承包人违反第4.6款的规定，未按承诺或未按监理人的要求及时配备称职的主要管理人员、技术骨干，或未按规定替换，或擅离职守的；

(13)承包人违反投标人须知3.5款的规定，在合同实施期间发现承包人在投标时提供了虚假资料的；

(14)安全目标未达到招标文件规定要求的。

22.1.2 对承包人违约的处理

本项细化为：

(1)承包人发生第22.1.1(6)目约定的违约情形时，发包人可通知承包人立即解除合同，并按有关法律处理。

(2)承包人发生除第22.1.1(6)目约定以外的其他违约情形时，监理人可向承包人发出整改通知，要求其在指定的期限内改正。承包人应承担其违约所引起的费用增加和(或)工期延误。

(3)经检查证明承包人已采取了有效措施纠正违约行为，具备复工条件的，可由监理人签发复工通知复工。

(4)承包人发生第22.1.1项约定的违约情形时，无论发包人是否解除合同，发包人均有权向承包人课以违约金，并由发包人将其违约行为上报省级交通运输主管部门，作为不良记录纳入"浙江省交通运输信用综合管理服务系统"。

当承包人发生第22.1.1项约定的违约情形时，发包人有权向承包人课以违约金，具体约定如下①：

a.承包人发生第22.1.1(1)目中违反第1.8款约定的情形，除责令立即纠正外，并课以不超过1%签约合同价的违约金；发生第22.1.1(1)目中违反第4.3款约定的情形，在发包人向承包人发出书面通知的14天内未见纠正后，发包人将酌情向承包人课以不超过1%签约合同价的违约金。即使缴纳了违约金，承包人仍应按合同规定继续实施和完成本合同工程及其缺陷修复；

b.承包人发生第22.1.1(2)目中违反第5.3款约定的情形，在发包人向承包人发出书面通知的14天内未见纠正后，发包人将向承包人课以不超过材料和工程设备价值两

---

① 对合同实施期间可能多次发生的违约情形，宜对每次发生违约的处理金额予以明确，但总额不应超过相关规定。

倍的违约金;发生第22.1.1(2)目中违反第6.4款约定的情形,在发包人向承包人发出书面通知的14天内未见纠正后,发包人将向承包人课以不超过其台班费两倍的违约金;

c. 承包人发生第22.1.1(3)目情形,在发包人向承包人发出书面通知的14天内未见纠正后,发包人将按每一情形酌情向承包人课以不超过0.5%签约合同价的违约金。即使缴纳了违约金,承包人仍应按合同规定继续实施和完成本合同工程及其缺陷修复;

d. 承包人发生第22.1.1(4)目情形,则按第11.5款规定处理;

e. 承包人发生第22.1.1(5)目情形,则按第19.2.4项规定处理;

f. 承包人发生第22.1.1(7)目情形,发包人有权按第11.5款规定的逾期交工违约金金额的二分之一乘以未按期开工天数处以违约金;

g. 承包人发生第22.1.1(8)目情形,在发包人向承包人发出书面通知的14天内未见纠正后,发包人将向承包人课以不超过0.5%签约合同价的违约金;

h. 承包人发生第22.1.1(9)目情形,发包人将责令整改;情节严重的,将停工整顿,并酌情扣除安全生产费;

i. 承包人发生第22.1.1(10)目情形,则课以不超过1%签约合同价的违约金;

j. 承包人发生第22.1.1(11)目情形,则课以与转移(挪用)资金等额的违约金;

k. 承包人发生第22.1.1(12)目情形,项目经理或项目技术负责人未经发包人同意擅自离开工地,每天课以违约金_____元/人;若每月在工地天数不足20天(特殊情形经监理人批准报发包人同意例外)者,每不足一天额外课以违约金_____元/人;承包人未经发包人书面同意更换项目经理课以_____万元的违约金,更换项目技术负责人课以_____万元的违约金,更换其他主要管理人员、技术骨干课以每人次_____万元的违约金[①];

l. 承包人发生第22.1.1(13)目情形,在合同实施期间发现承包人在投标时提供了虚假材料的,课以不超过5%签约合同价的违约金;

m. 承包人发生第22.1.1(14)目情形,则课以不超过1%签约合同价的违约金。

22.2 发包人违约

22.2.1 发包人违约的情形

本项细化为:

在履行合同过程中发生的下列情形,属发包人违约:

(1)发包人未能按合同约定支付预付款或合同价款,或拖延、拒绝批准付款申请和支付凭证,导致付款延误的(包括未按照第17.4.2项规定及时退还质量保证金的)。

(2)由于发包人征地拆迁不到位、开工的正常条件不具备,导致承包人无法按合同

[①] 项目经理或项目技术负责人未经发包人同意擅自离开工地,每天课以不超过3000元/人的违约金,若每月在工地天数不足20天(特殊情况经监理人批准报发包人同意例外)者,每不足一天额外课以不超过1000元/人的违约金;承包人未经发包人书面同意更换项目经理和项目技术负责人课以不超过50万元/人次的违约金,更换其他主要人员课以不超过10万元/人次的违约金。

约定如期开工的。

（3）由于发包人下列原因造成停工的：

a. 合同约定应由发包人提供的材料、设备未能按时交货或质量不符合要求或变更交货地点导致承包人停工的；

b. 发包人提供的施工图纸延误或施工图存在差错影响施工，工程变更通知未及时下达导致承包人停工的；

c. 非承包人原因发生第三方阻工，而发包人未及时协调处理导致承包人停工的；

d. 监理人无正当理由没有在约定期限内发出复工指示，导致承包人无法复工的。

（4）发包人无法继续履行或明确表示不履行或实质上已停止履行合同的。

（5）发包人不履行合同约定其他义务的。

22.2.2 发包人无正当理由不按时返还履约保证金、质量保证金或农民工工资保证金的，发包人应向承包人支付的违约金如下：_____

第三节 合同附件格式

附件一　合同协议书

合同协议书

　　_____（发包人名称,以下简称"发包人"）为实施_____（项目名称），已接受_____（承包人名称,以下简称"承包人"）对该项目____标段施工的投标。发包人和承包人共同达成如下协议。

　　1. 第____标段由 K____+____至 K____+____，长约____km，公路等级为____，设计速度为____，_____路面，有____立交____处；特大桥____座，计长____m；大中桥____座，计长____m；隧道____座，计长____m 以及其他构造物工程等。[①]

　　2. 下列文件应视为构成合同文件的组成部分：

　　（1）合同协议书及各种合同附件（含廉政合同、安全生产合同、工程质量责任合同、工程资金监管协议及评标期间和合同谈判过程中的澄清文件和补充资料）；

　　（2）中标通知书；

　　（3）投标函及投标函附录；

　　（4）项目专用合同条款（含招标文件补遗书中与此有关的部分）；

　　（5）公路工程专用合同条款；

　　（6）通用合同条款；

　　（7）工程量清单计量规则（含招标文件补遗书中与此有关的部分）；

　　（8）项目专用技术规范（含招标文件补遗书中与此有关的部分）；

　　（9）通用技术规范；

　　（10）图纸（含招标文件补遗书中与此有关的部分）；

　　（11）已标价工程量清单；

　　（12）承包人有关人员、设备投入的承诺及投标文件中的施工组织设计；

　　（13）其他合同文件。

　　上述合同文件互相补充和解释。如果合同文件之间存在矛盾或不一致之处，以上述排列顺序在先者为准。

　　3. 根据工程量清单所列的预计数量和单价或总额价计算的签约合同价：人民币（大写）_____元（￥____）。

　　4. 承包人项目经理：_____。承包人项目技术负责人：_____。安全负责人：_____。

　　5. 工程质量符合_____标准。工程安全目标：_____。

　　6. 承包人承诺按合同约定承担工程的实施、完成及缺陷责任期缺陷修复。

　　7. 发包人承诺按合同约定的条件、时间和方式向承包人支付合同价款。

---

　　① 本条应根据工程实际情况编写。

8. 承包人应按照监理人指示开工,工期为_____日历天。

9. 本协议书在承包人提供履约保证金后,由双方法定代表人或其委托代理人签署并加盖单位章后生效。全部工程完工后经交工验收合格、缺陷责任期满签发缺陷责任终止证书后失效。

10. 本协议书正本二份、副本____份,合同双方各执正本一份,副本____份,当正本与副本的内容不一致时,以正本为准。

11. 合同未尽事宜,双方另行签订补充协议。补充协议是合同的组成部分。

发包人:_____(盖单位章)　　承包人:_____(盖单位章)
法定代表人或其委托代理人:____(签字)　　法定代表人或其委托代理人:____(签字)

　　____年___月___日　　　　　　　　　　____年___月___日

附件二　廉政合同

廉 政 合 同

根据《关于在交通基础设施建设中加强廉政建设的若干意见》以及有关工程建设、廉政建设的规定,为做好工程建设中的党风廉政建设,保证工程建设高效优质,保证建设资金的安全和有效使用以及投资效益,_____(项目名称)的项目法人_____(项目法人名称,以下简称"发包人")与该项目____标段的施工单位_____(施工单位名称,以下简称"承包人"),特订立如下合同。

1. 发包人和承包人双方的权利和义务

(1)严格遵守党的政策规定和国家有关法律法规及交通运输部、浙江省交通运输厅的有关规定。

(2)严格执行_____(项目名称)____标段施工合同文件,自觉按合同办事。

(3)双方的业务活动坚持公开、公正、诚信、透明的原则(法律认定的商业秘密和合同文件另有规定除外),不得损害国家和集体利益,不得违反工程建设管理规章制度。

(4)建立健全廉政制度,开展廉政教育,设立廉政告示牌,公布举报电话,监督并认真查处违法违纪行为。

(5)发现对方在业务活动中有违反廉政规定的行为,有及时提醒对方纠正的权利和义务。

(6)发现对方严重违反本合同义务条款的行为,有向其上级有关部门举报、建议给予处理并要求告知处理结果的权利。

(7)项目建立合同公示制。在合同实施阶段,及时在"阳光监管平台系统"对分包合同等信息进行公示。

(8)项目建立廉政监督制。廉政分包监督要求,明确监督单位或部门及廉政监督电话。

(9)项目建立信用管理制。廉政、合同履约及分包管理等行为纳入承包人信用评价制度。

2. 发包人的义务

(1)发包人及其工作人员不得索要或接受承包人的礼金、有价证券和其他物品,不得让承包人报销任何应由发包人或发包人工作人员个人支付的费用等。

(2)发包人工作人员不得参加承包人安排的宴请和娱乐活动;不得接受承包人提供的通信工具、交通工具和办公用品等。

(3)发包人及其工作人员不得要求或者接受承包人为其住房装修、婚丧嫁娶活动、配偶子女的工作安排以及出国出境、旅游等提供方便等。

(4)发包人工作人员及其配偶、子女不得从事与发包人工程有关的材料设备供应、工程分包、劳务等经济活动等。

(5)发包人及其工作人员不得以任何理由向承包人推荐分包单位或推销材料,不得要求承包人购买合同规定外的材料和设备。

(6)发包人工作人员要秉公办事,不准营私舞弊,不准利用职权从事各种个人有偿中介活动和安排个人施工队伍。

3.承包人的义务

(1)承包人不得以任何理由向发包人及其工作人员行贿或馈赠礼金、有价证券、礼品。

(2)承包人不得以任何名义为发包人及其工作人员报销应由发包人单位或个人支付的任何费用。

(3)承包人不得以任何理由安排发包人工作人员参加宴请及娱乐活动。

(4)承包人不得为发包人单位和个人购置或提供通信工具、交通工具和办公用品等。

4.违约责任

(1)发包人及其工作人员违反本合同第1、2条,按管理权限,依据有关规定给予党纪、政纪或组织处理;涉嫌犯罪的,移交司法机关追究刑事责任;给承包人单位造成经济损失的,应予以赔偿。

(2)承包人及其工作人员违反本合同第1、3条,按管理权限,依据有关规定给予党纪、政纪或组织处理;给发包人单位造成经济损失的,应予以赔偿;情节严重的,发包人建议交通运输主管部门给予承包人一至三年内不得进入其主管的公路建设市场的处罚。

5.双方约定:本合同由双方或双方上级单位的纪检监察部门负责监督执行。由发包人或发包人上级单位的纪检监察部门约请承包人或承包人上级单位纪检监察部门对本合同执行情况进行检查,提出在本合同规定范围内的裁定意见。

6.本合同有效期为发包人和承包人签署之日起至该工程项目竣工验收后止。

7.本合同作为_____(项目名称)____标段施工合同的附件,与工程施工合同具有同等的法律效力,经合同双方签署后立即生效。

8.本合同一式四份,由发包人和承包人各执一份,送交发包人和承包人的监督单位各一份。

发包人:_____(盖单位章)　　　承包人:_____(盖单位章)
法定代表人或其委托代理人:____(签字)　　　法定代表人或其委托代理人:____(签字)
　　　____年___月___日　　　　　　　　　　　　____年___月___日

发包人监督单位:(全称)(盖单位章)　　　承包人监督单位:(全称)(盖单位章)

附件三　安全生产合同

安全生产合同

为在_____（项目名称）____标段施工合同的实施过程中创造安全、高效的施工环境，切实搞好本项目的安全管理工作，本项目发包人_____（发包人名称，以下简称"发包人"）与承包人_____（承包人名称，以下简称"承包人"）特此签订安全生产合同。

1. 发包人职责

（1）严格遵守国家有关安全生产的法律法规，认真执行工程承包合同中的有关安全要求。

（2）安全生产工作应当以人为本，坚持人民至上、生命至上，把保护人民生命安全摆在首位，树牢安全发展理念，坚持安全第一、预防为主、综合治理的方针，从源头上防范化解重大安全风险。做到生产与安全工作同时计划、布置、检查、总结和评比。

（3）重要的安全设施必须坚持与主体工程"三同时"的原则，即：新建、改建、扩建工程项目的安全设施，必须与主体工程同时设计、同时施工、同时投入生产和使用。安全设施投资应当纳入项目概算。

（4）定期召开安全生产调度会，及时传达中央及地方有关安全生产的精神。

（5）发包人对安全生产承担全面管理责任，督促承包人加强安全生产管理，按照规定要求开展施工安全总体风险评估和安全生产条件检查以及日常检查，发现生产安全事故隐患的，及时组织整改。

（6）若项目为PPP建设管理模式的，项目实施机构必须设置安全生产管理机构，配备专职安全生产管理人员，加强对项目公司安全生产管理监督考核。项目公司对项目安全生产负总责，加强安全生产管理，督促承包人做好安全生产工作。

（7）两个以上承包人在同一作业区域内进行施工作业，可能危及对方生产安全的，发包人应当牵头协调承包人签订安全生产管理协议。

2. 承包人职责

（1）严格遵守《中华人民共和国安全生产法》《建设工程安全生产管理条例》等国家有关安全生产的法律法规以及《公路水运工程安全生产监督管理办法》《公路工程施工安全技术规范》《公路筑养路机械操作规程》《浙江省交通建设工程质量和安全生产管理条例》等有关安全生产的规定。认真执行工程承包合同中的有关安全要求。

（2）坚持"安全第一、预防为主、综合治理"和"管生产必须管安全"的原则，加强安全生产宣传教育，增强全员安全生产意识，建立健全各项安全生产的管理机构和安全生产管理制度，配备专职及兼职安全检查人员，有组织有领导地开展安全生产活动。各级领导、工程技术人员、生产管理人员和具体操作人员，必须熟悉和遵守本合同的各项规定，做到生产与安全工作同时计划、布置、检查、总结和评比。

(3)建立健全安全生产责任制。从派往项目实施的项目经理到生产工人(包括临时雇请的农民工)的安全生产管理系统必须做到纵向到底,一环不漏;各职能部门、人员的安全生产责任制做到横向到边,人人有责。项目经理是安全生产的第一责任人。现场设置的安全机构,应按《公路水运工程安全生产监督管理办法》《浙江省交通建设工程质量和安全生产监督工作实施办法》《浙江省交通运输厅关于进一步加强全省交通建设工程安全生产管理工作的若干规定》《浙江省交通运输厅安委办关于印发〈浙江省交通建设工程施工安全十条规定〉的通知》规定的最低数量和资质条件配备专职安全生产管理人员,专职负责所有员工的安全和治安保卫工作及预防事故的发生。安全机构人员有权按有关规定发布指令,并采取保护性措施防止事故发生。

(4)承包人在任何时候都应采取各种合理的预防措施,防止其员工发生任何违法、违禁、暴力或妨碍治安的行为。

(5)承包人必须按国家有关规定取得安全生产许可证。施工作业人员必须按规定接受安全教育培训,未经安全生产教育和培训合格的施工作业人员,不得上岗作业。电工、焊工、架子工等特种作业人员,以及特种设备作业人员必须按照国家有关规定经专门的安全作业培训,取得相应资格,方可上岗作业。

(6)对于易燃易爆的材料除应专门妥善保管之外,还应配备有足够的消防设施,所有施工人员都应熟悉消防设备的性能和使用方法;承包人不得将任何种类的爆炸物给予、易货或以其他方式转让给任何其他人,或允许、容忍上述同样行为。

(7)操作人员上岗,必须按规定穿戴防护用品。施工负责人和安全检查员应随时检查劳动防护用品的穿戴情况,不按规定穿戴防护用品的人员不得上岗。

(8)所有施工机具设备和高空作业的设备均应定期检查,并有安全员的签字记录,保证其经常处于完好状态;不合格的机具、设备和劳动保护用品严禁使用。

(9)施工中采用新技术、新工艺、新设备、新材料时,必须制定相应的安全技术措施,施工现场必须具有相关的安全标志牌。

(10)承包人必须按照本工程项目特点,组织制定本工程实施中的生产安全事故应急救援预案;如果发生安全事故,应按照《生产安全事故报告和调查处理条例》《浙江省生产安全事故报告和调查处理规定》以及其他有关规定,及时上报有关部门,并坚持"四不放过"的原则,严肃处理相关责任人。

(11)安全生产费用按照《浙江省交通建设工程安全生产费用管理办法》的相关要求以及相关最新规定使用和管理。

(12)承包人在施工期间应当服从发包人及交通等行业主管部门的监督、检查、指令,并积极做好相关配合工作。

3.违约责任

如因发包人或承包人违约造成安全事故,将依法追究责任。

4.本合同由双方法定代表人或其授权的代理人签署并加盖单位章后生效,全部工程竣工验收后失效。

5.本合同正本二份、副本____份,合同双方各执正本一份,副本____份,当正本与副本的内容不一致时,以正本为准。

发包人:_____(盖单位章)　　　承包人:_____(盖单位章)
法定代表人或其委托代理人:____(签字)　　　法定代表人或其委托代理人:____(签字)
　　　____年___月___日　　　　　　　　　　　　____年___月___日

附件四 其他管理和技术人员最低要求[①]

人　员	数　量	资　格　要　求

[①] a. 招标人应在招标文件中规定若投标人在所投标段中标需派驻的其他管理和技术人员(例如项目副经理、专业工程师等)。上述人员应提供投标截止期前已在投标人单位缴纳社保的证明,具体人选由招标人和中标人在合同谈判阶段确定,且经招标人审批后作为派驻本标段的项目管理机构主要人员,不允许更换。如中标人拟派驻的人员数量和资格条件不满足本表要求,招标人应取消其中标资格。
  b. 本表不适用于已按招标文件要求提供了其他主要管理人员和技术人员的技术打分制的综合评估法(综合评分法)评标的项目。

附件五　主要机械设备和试验检测设备最低要求[①]

设备名称	规格、功率及容量	单位	最低数量要求

[①] a. 招标人应在招标文件中规定若投标人在所投标段中标需提供的主要机械设备和试验检测设备。招标人将在合同谈判阶段要求中标人按照本表的最低要求填报为本标段配备的主要设备,在经招标人审批后作为投入本标段的主要设备且不允许更换。如招标人拟提供的设备数量和规格指标等不满足本表要求,招标人应取消其中标资格。

b. 本表不适用于已按招标文件要求提供了主要机械设备和试验检测设备的技术打分制的综合评估法(综合评分法)评标的项目。

c. 根据行业主管部门相关规定,结合项目实际,应明确机械设备标准化要求,例如,桥梁施工设备:预应力智能张拉设备、智能压浆设备、预制梁板钢筋骨架定位架、钢筋加工数控设备;隧道施工设备:全断面衬砌模板台车、防水板专用台车与初期支护检查台车、衬砌养护喷淋设施、专用锚杆机等。

附件六　项目经理委任书

<u>　　（承包人全称）　　</u>
<u>　（合同工程名称）　</u>　项目经理委任书

致：<u>（发包人全称）</u>

　　<u>（承包人全称）</u>法定代表人<u>（职务、姓名）</u>代表本单位委任<u>（职务、姓名）</u>为<u>（合同工程名称）</u>的项目经理。凡本合同执行中的有关技术、工程进度、现场管理、质量检验、结算与支付等方面工作，由<u>（姓名）</u>代表本单位全面负责。

　　　　　　　　　　　　　　　承包人：<u>　　　　　　　　</u>（盖单位章）
　　　　　　　　　　　　　　　法定代表人：<u>　　　　</u>（职务）
　　　　　　　　　　　　　　　　　　　　　<u>　　　　</u>（姓名）
　　　　　　　　　　　　　　　　　　　　　<u>　　　　</u>（签字）
　　　　　　　　　　　　　　　　　　<u>　　</u>年<u>　　</u>月<u>　　</u>日

抄送：<u>（监理人）　</u>

附件七　履约保证金格式

如采用银行保函,格式如下:

履 约 保 证 金

_____(发包人名称):

  鉴于_____(发包人名称,以下简称"发包人")接受_____(承包人名称,以下称"承包人")于___年___月___日参加_____(项目名称)___标段施工的投标。我方愿意无条件地、不可撤销地就承包人履行与你方订立的合同,向你方提供担保。

  1.担保金额人民币(大写)_____元(￥_____)。

  2.担保有效期自发包人与承包人签订的合同生效之日起至发包人签发交工验收证书且承包人按照合同约定缴纳质量保证金之日止。[①]

  3.在本担保有效期内,因承包人违反合同约定的义务给你方造成经济损失时,我方在收到你方以书面形式提出的在担保金额内的赔偿要求后,在7天内无条件支付,无须你方出具证明或陈述理由。

  4.发包人和承包人按合同条款第15条变更合同时,无论我方是否收到该变更,我方承担本担保规定的义务不变。

担　保　人:_____(盖单位章)
法定代表人或其委托代理人:_____(签字)
地　　　址:_____
邮政编码:_____
电　　　话:_____
传　　　真:_____
　　　年___月___日

[①] 本条内容可修改为:"本担保自_____(生效日期)之日起生效,至_____(失效日期)之日失效。"如发包人接受履约保函采用固定有效期,在项目专用合同条款中应增加保证承包人在履约保函失效日前向发包人出具后续阶段履约保函的约束性条款,直至发包人签发交工验收证书且承包人按照合同约定缴纳质量保证金之日为止。

附件八　发包人支付担保格式

<h2 style="text-align:center">发包人支付担保</h2>

_____（承包人名称）：

鉴于你方作为承包人已经与_____（发包人名称，以下称"发包人"）于____年____月____日签订了_____（工程名称）施工合同（以下称"主合同"），应发包人的申请，我方愿就发包人履行主合同约定的工程款支付义务以保证的方式向你方提供如下担保：

1. 保证的范围及保证金额

我方的保证范围是主合同约定的工程款。

本保函所称主合同约定的工程款是指主合同约定的除工程质量保证金以外的合同价款。

我方保证的金额是主合同约定的工程款的____%，数额最高不超过人民币（大写）_____元（¥_____）。

2. 保证的方式及保证期间

我方保证的方式为：连带责任保证。

我方保证的期间为：自本合同生效之日起至主合同约定的工程款支付之日后____日内。

你方与发包人协议变更工程款支付日期的，经我方书面同意后，保证期间按照变更后的支付日期作相应调整。

3. 承担保证责任的形式

我方承担保证责任的形式是代为支付。发包人未按主合同约定向你方支付工程款的，由我方在保证金额内代为支付。

4. 代偿的安排

你方要求我方承担保证责任的，应向我方发出书面索赔通知及发包人未支付主合同约定工程款的证明材料。索赔通知应写明要求索赔的金额，支付款项应到达的账号。

在出现你方与发包人因工程质量发生争议，发包人拒绝向你方支付工程款的情形时，你方要求我方履行保证责任代为支付的，还需提供项目监理人或符合相应条件要求的工程质量检测机构出具的质量说明材料。

我方收到你方的书面索赔通知及相应证明材料后，在7个工作日内进行核定后按照本保函的承诺承担保证责任。

5. 保证责任的解除

（1）在本保函承诺的保证期间内，你方未书面向我方主张保证责任的，自保证期间届满次日起，我方保证责任解除。

（2）发包人按主合同约定履行了工程款的全部支付义务的,自本保函承诺的保证期间届满次日起,我方保证责任解除。

（3）我方按照本保函向你方履行保证责任所支付金额达到本保函保证金额时,自我方向你方支付(支付款项从我方账户划出)之日起,保证责任即解除。

（4）按照法律法规的规定或出现应解除我方保证责任的其他情形的,我方在本保函项下的保证责任亦解除。

我方解除保证责任后,你方应自我方保证责任解除之日起____个工作日内将本保函原件返还我方。

6. 免责条款

（1）因你方违约致使发包人不能履行义务的,我方不承担保证责任。

（2）依照法律法规的规定或你方与发包人的另行约定,免除发包人部分或全部义务的,我方亦免除其相应的保证责任。

（3）你方与发包人协议变更主合同的(符合主合同条款第15条约定的变更除外),如加重发包人责任致使我方保证责任加重的,需征得我方书面同意,否则我方不再承担因此而加重部分的保证责任。

（4）因不可抗力造成发包人不能履行义务的,我方不承担保证责任。

7. 争议的解决

因本保函发生的纠纷,由贵我双方协商解决,协商不成的,任何一方均可提请_____仲裁委员会仲裁。

8. 保函的生效

本保函自我方法定代表人(或其授权代理人)签字、加盖单位公章并交付你方之日起生效。

担　保　人:_____(盖单位章)
法定代表人或其委托代理人:_____(签字)
地　　　址:_____
邮政编码:_____
电　　　话:_____
传　　　真:_____
　　　　　____年___月___日

注:本支付担保格式可采用经承包人同意的其他格式,但相关约定应当与履约保证金对等。

附件九 工程资金监管协议格式

（发包人与承包人签订合同协议书时应与发包人指定的银行签署工程资金监管协议，工程资金监管协议内容在保证本项目资金有效监管的前提下由三方共同商定）

工程资金监管协议

发 包 人：_____（以下简称"甲方"）
承 包 人：_____（以下简称"乙方"）
经办银行：_____（以下简称"丙方"）

为了促进_____（项目名称）的顺利实施，管好用好建设资金，确保工程资金专款专用，同时为承包人提供便捷有效的银行业务服务，根据_____（项目名称）合同条款有关规定，经甲、乙、丙三方协商，达成协议如下：

1. 资金管理的内容

（1）乙方为完成_____（项目名称）工程成立的项目经理部在丙方开设基本结算户和农民工工资（劳务费）专用账户。

（2）甲方应按合同规定将工程款（质量保证金除外）汇入乙方在丙方开设的账户。

（3）乙方应将流动资金及甲方所拨付资金专项用于_____（项目名称）。

（4）丙方应为乙方提供便捷有效的银行业务服务，并接受甲方委托对乙方在丙方开设的基本结算户资金使用情况进行监督。

2. 甲方的权责

（1）按照_____（项目名称）合同有关条款规定的时间和方式，向乙方支付工程款。

（2）在发现乙方将本项目资金挪用、转移时，甲方有权中止工程支付，直至乙方改正为止。

（3）不定期审查丙方对乙方的资金使用监督情况，如丙方不能履行其责任，甲方有权随时终止本协议。

（4）在乙、丙双方发生争议时，甲方应负责协调、解决。

3. 乙方的权责

（1）项目经理部成立以后，乙方应尽快在丙方开设基本结算户。

（2）确保本项目资金专款专用，不发生挪用、转移资金的现象；保证不通过权益转让、抵押、担保承担债务等任何其他方式使用基本结算户的资金。

（3）办理材料、设备等采购业务金额在_____万元以上的，应出示购货合同、协议和发票；在办理总额超过_____万元的采购业务时，应将合同、协议和发票复印件送丙方备案；购买应急材料、设备时可先办理支付手续，但事后必须补备有关资料。

（4）用银行转账支票办理支付款项时，必须将转账支票送交丙方，由丙方负责办理支票转付手续。

（5）向分包单位支付工程进度款时,应附甲方批准分包的文件。

（6）向上级单位缴纳管理费、机械设备及周转材料租赁摊销费等款项时,应附上级单位出具的转账通知等有关资料,以确保资金专款专用。

（7）开设农民工工资（劳务费）专用账户,并委托丙方负责日常监管,确保专款专用。

4. 丙方的权责

（1）成立＿＿＿＿＿＿（项目名称）工程资金管理服务小组,明确业务流程,提高工作效率,杜绝"压票"现象。

（2）根据乙方提供的购货合同、协议和发票,检查其所购材料、设备是否用于（项目名称）工程建设,对本标段以外的购货款项,有权拒绝办理,并及时报告甲方。

（3）根据乙方与分包单位签订的合同及支付文件,检查其支付款项是否符合有关条件,向分包单位以外单位的支付有权拒绝办理,并及时报告甲方。

（4）根据乙方提供的上级单位出具的转账通知等有关资料,办理管理费、机械设备及周转材料租赁摊销费等款项的支付;对超出转账通知等有关资料以外的支付,有权拒绝办理,并及时报告甲方。

（5）定期将乙方前一个周期的支付情况,整理后书面报送甲方;乙方复印备案的材料一并送甲方。

（6）监管乙方开设的农民工工资（劳务费）专用账户,确保专款专用。

5. 甲、乙、丙三方都应履行保密责任,不得将其他两方的业务情况透露给三方以外的其他单位或个人。

6. 本协议有效期自乙方在丙方开户起,至工程交工验收甲方向乙方颁发交工验收证书后结束。

7. 本协议未尽事宜,由甲方牵头,三方协商解决。

8. 本协议正本三份、副本＿＿＿份。合同三方各执正本一份、副本＿＿＿份,当正本与副本内容不一致时,以正本为准。

发包人：＿＿＿＿＿＿＿＿＿＿＿＿＿＿（盖单位章）
法定代表人或其委托代理人：＿＿＿＿＿＿（签字）
　　　　　　　＿＿＿＿年＿＿＿月＿＿＿日

承包人：＿＿＿＿＿＿＿＿＿＿＿＿＿＿（盖单位章）
法定代表人或其委托代理人：＿＿＿＿＿＿（签字）
　　　　　　　＿＿＿＿年＿＿＿月＿＿＿日

经办银行：＿＿＿＿＿＿＿＿＿＿＿＿＿（盖单位章）
法定代表人或其委托代理人：＿＿＿＿＿＿（签字）
　　　　　　　＿＿＿＿年＿＿＿月＿＿＿日

附件十 工程质量责任合同

工程质量责任合同

根据国务院《建设工程质量管理条例》,为保证在设计使用年限内建设工程质量,_____(项目名称)的发包人_____(以下称"甲方")与承包人_____(以下称"乙方"),特订立如下质量责任合同。

第一条 本建设工程项目的质量目标为标段工程交工验收的质量评定:_____;标段工程竣工验收的质量评定:_____,承包人对本建设工程的施工质量在设计使用年限内依法终身负责。施工质量责任人:_____。

第二条 甲乙双方的权利与义务

(一)严格遵守国家有关法律法规及交通运输部、浙江省交通运输厅的有关规定。

(二)严格执行_____(项目名称)____标段施工合同文件,自觉按合同办事。

(三)双方的施工业务活动必须坚持科学、公正、诚信、平等的原则,不得损害国家、集体的利益,不得违反工程建设管理规章制度。

(四)发现对方在施工业务活动中,有违反有关规定的行为,有及时提醒对方纠正的权利和义务。

(五)发现对方严重违反施工合同文件的行为,有向其上级有关部门举报,建议给予处理并要求告知处理结果的权利。

第三条 甲方的义务

(一)甲方向乙方及时提供有关资料(包括技术规范、工程量清单、施工图等)。

(二)甲方向乙方及时提供建设用地,及时解决对工程占地范围以内尚未拆迁的建筑物及其他障碍物。

(三)甲方应向乙方提供主要原材料和产品质量的检验标准和检测频率,重点明确主要受力构件产品平行抽检和见证检验的要求。

(四)甲方不得指使乙方不按法律、法规、工程建设强制性标准和施工规范进行工程的施工活动。

(五)甲方须按施工合同的约定支付工程款,除施工合同的约定外,甲方不得以任何借口克扣工程款或拖延工程款的支付。

(六)甲方不得明示或暗示向乙方推荐单位或个人承包或分包本工程项目的施工任务。

(七)甲方不得以任何理由索取回扣或其他好处。

第四条 乙方的义务

(一)乙方应具备与本工程项目相应等级的施工资质证书。

(二)乙方不得允许其他单位或个人以乙方的名义承揽本工程项目的施工任务,不得转包或违法分包所承揽的本工程的项目施工任务。

（三）乙方必须严格履行施工合同，按投标承诺的施工技术人员及时到位。施工技术人员原则上不得擅自调换，如有特殊原因确需调换的，须经发包人书面同意方能换人。

（四）乙方应配备专职的质量管理人员。

（五）乙方必须建立工地临时试验室，按要求配合相应的试验检测人员和设备，并取得工地临时试验室资质证书。按有关规定做好各类试验，试验资料应真实、完整，统一归档。

（六）乙方必须按照工程设计图纸和施工技术规范施工，不得擅自修改工程设计，不得偷工减料。

（七）乙方在施工过程中发现设计文件和图纸有差错的，应当及时提出意见和建议。

（八）乙方与甲方、承包人或指定分包人之间有关工程质量、进度和费用的一切往来函件、报表均应分类编号归档保存；施工技术资料应真实、完整。

（九）乙方应加强对甲方按合同规定采购的材料和设备的检验，对涉及结构安全的锚夹具、支座、吊杆（索）等受力构件进行产品检测，应当在甲方或者监理单位见证下现场取样，对检验不合格的产品，乙方应拒绝使用。

（十）乙方不得暗示材料、设备供应单位提供使用不合格或质量低劣的材料、设备。

第五条　违约责任

（一）甲方及其工作人员违反本合同第二、三条，按管理权限，依据国务院《建设工程质量管理条例》有关规定给予相应的处罚；涉嫌犯罪的，依法追究刑事责任；给乙方单位造成经济损失的，应予以赔偿。

（二）乙方及其工作人员违反本合同第二、四条，按管理权限，依据国务院《建设工程质量管理条例》有关规定给予相应的处罚；涉嫌犯罪的，依法追究刑事责任；给甲方单位造成经济损失的，应予以赔偿。

第六条　本合同有效期为甲乙双方自签署之日起至该工程项目设计使用年限之日止。

第七条　本合同作为_____（项目名称）____标段施工合同附件，与工程施工合同具有同等的法律效力，经合同双方签署后立即生效。

第八条　本合同正本二份、副本____份，合同双方各执正本一份，副本____份，当正本与副本的内容不一致时，以正本为准。

发包人：_____（盖单位章）　　承包人：_____（盖单位章）
法定代表人或其委托代理人：____（签字）　　法定代表人或其委托代理人：____（签字）
　　　____年___月___日　　　　　　　　　　　　　____年___月___日

附件十一 项目图纸资料保密承诺书格式

项目图纸资料保密承诺书

　　_____（承包人名称）将完善_____（项目名称）工程图纸资料制作、移交、归档等管理制度,严格落实图纸资料管理要求。在本工程实施期间及验收完成后,所有图纸资料均按照内部资料管理,不通过互联网与任何单位和个人进行与本项目有关图纸资料交换传递,不通过任何途径向本项目无关方泄露和传播本项目有关图纸资料。

　　特此承诺。

承包人:_____（盖单位章）
法定代表人或其委托代理人:____（签字）
____年___月___日

附件十二 相关人员在职承诺书格式

承 诺 书

致：___(发包人名称)___

  本人作为项目经理/项目技术负责人/安全负责人，同意按招标文件规定到位，若有更换，同意按《浙江省公路水运建设工程从业主体信用评价管理细则》扣分或纳入负面清单管理。

  特此承诺。

承诺人：_____（签字）

_____年___月___日

注：项目经理、项目技术负责人、安全负责人应分别作出承诺。

第五章 工程量清单

第五章 工程量清单

按照浙江省地方标准《交通建设工程工程量清单计价规范 第1部分:公路工程》（DB 33/T 628.1—2021）编制。

暂列金额一般取3%。

第 二 卷

第六章 图纸(另册)

第三卷

第七章 技术规范

第七章 技术规范

（一）通用技术规范

"通用技术规范"采用《公路工程标准施工招标文件》(2018年版·第二册)技术规范。

（二）项目专用技术规范[①]

1."项目专用技术规范"是对"通用技术规范"的补充、修改，应对照"通用技术规范"中同一编号的章、节、条、款、项、目一起阅读和理解。本"项目专用技术规范"与"通用技术规范"有矛盾时，以本"项目专用技术规范"的规定为准。

2."通用技术规范"中标准与规范更新如下：

序号	原标准与规范	更新后的标准与规范
1	《公路工程基桩动测技术规程》（JTG/T F81-01—2004）	《公路工程基桩检测技术规程》（JTG/T 3512—2020）
2	《公路桥涵施工技术规范》（JTG/T F50—2011）	《公路桥涵施工技术规范》（JTG/T 3650—2020）
3	《公路土工试验规程》（JTG E40—2007）	《公路土工试验规程》（JTG 3430—2020）
4	《公路工程物探规程》（JTG/T C22—2009）	《公路工程物探规程》（JTG/T 3222—2020）
5	《公路工程水泥及水泥混凝土试验规程》（JTG E30—2005）	《公路工程水泥及水泥混凝土试验规程》（JTG 3420—2020）
6	《公路工程质量检验评定标准 第二册 机电工程》（JTG F80/2—2004）	《公路工程质量检验评定标准 第二册 机电工程》（JTG 2182—2020）
7	《公路隧道施工技术规范》（JTG F60—2009）和《公路隧道施工技术细则》（JTG/T F60—2009）	《公路隧道施工技术规范》（JTG/T 3660—2020）
8	《公路工程混凝土结构防腐蚀技术规范》（JTG/T B07-01—2006）	《公路工程混凝土结构耐久性设计规范》（JTG/T 3310—2019）
9	《钢筋混凝土用钢 第2部分：热轧带肋钢筋》（GB 1499.2—2007）	《钢筋混凝土用钢 第2部分：热轧带肋钢筋》（GB 1499.2—2017）
10	《预应力混凝土用螺纹钢筋》（GB/T 20065—2006）	《预应力混凝土用螺纹钢筋》（GB/T 20065—2016）
11	《优质碳素结构钢》（GB/T 699—1999）	《优质碳素结构钢》（GB/T 699—2015）
12	《预应力混凝土用金属波纹管》（JG 225—2007）	《预应力混凝土用金属波纹管》（JG/T 225—2020）

[①] "技术规范"由招标人根据《公路工程标准施工招标文件》、招标项目具体特点和实际需要编制。"技术规范"中的各项技术标准应符合国家强制性标准，不得要求或标明某一特定的专利、商标、名称、设计、原产地或生产供应者，不得含有倾向或者排斥潜在投标人的其他内容。如果必须引用某一生产供应者的技术标准才能准确或清楚地说明拟招标项目的技术标准时，则应当在参照后面加上"或相当于"字样。

"通用技术规范"中规定与上述更新后的标准及规范不一致的,以更新后的标准及规范为准。

3.本"项目专用技术规范"在下列章、节对"通用技术规范"进行了补充、删除和修改[①]:

第100章 总则

第101节 通则

第102节 工程管理

第103节 临时工程与设施

第105节 施工标准化

第200章 路基

第201节 通则

第203节 挖方路基

第204节 填方路基

第216节 路基不均匀沉降的防治

第300章 路面

第301节 通则

第304节 水泥稳定土底基层、基层

第311节 改性沥青及改性沥青混合料

第314节 路面及中央分隔带排水

第400章 桥梁、涵洞

第401节 通则

第403节 钢筋

第404节 基础挖方及回填

第405节 钻孔灌注桩

第410节 结构混凝土工程

第411节 预应力混凝土工程

第412节 预制构件的安装

第415节 桥面铺装

第416节 桥梁支座

第419节 圆管涵及倒虹吸管涵

第422节 桥头跳车的防治

第500章 隧道

第501节 通则

---

① 招标人可根据项目实际情况对本项目通用技术规范进行补充、删除和修改,不限于本项目专用技术规范编列的内容。

第 502 节　洞口与明洞工程

第 503 节　洞身开挖

第 600 章　安全设施及预埋管线

第 601 节　通则

第 602 节　护栏

第 700 章　绿化及环境保护设施

第 701 节　通则

第 702 节　铺设表土

第 703 节　撒播草种和铺植草皮

第 704 节　种植乔木、灌木和攀缘植物

第100章 总 则

第101节 通 则

101.01 范围

第1条修改为：

1.本"项目专用技术规范"结合本工程特点编写，连同"通用技术规范"，统称"本规范"，适用于_____公路____工程施工与管理。

101.04 标准与规范

第4条修改为：

4.当适用于工程的几种标准与规范出现意义不明或不一致时，应由监理人作出解释和校正，并就此向承包人发出指令。若在引用的标准或规范发生分歧时，除非本规范另有规定，应按以下顺序优先考虑：

a. 本"项目专用技术规范"。
b. "通用技术规范"[《公路工程标准施工招标文件》(2018年版·第二册)技术规范]。
c. 中华人民共和国国家标准。
d. 有关部门标准与规范。

101.08 税金和保险

本小节补充：

4.保险替代不了承包人的管理责任，如发生工程事故造成损失，即便发包人为此获得保险赔付，根据事故性质，承包人责任大小，发包人仍有权要求承包人承担部分损失。

第102节 工程管理

102.01 一般要求

2.工程报告单

本条原内容后补充：

提交的各种工程报告单除纸件外还需提供内容相同的电子文件，文件格式须采用发包人指定的格式，并按发包人规定的方式进行编码，文件传送方式应符合发包人所建立的信息管理系统的要求。

3.制定施工进度计划和施工方案说明

本条第(1)款原内容后补充：

其内容应包括详细的施工组织、现场布置、施工方案、工程进度计划、资源(劳工、机械设备、原材料)供应计划、资金流量计划、质检体系与质保措施、安全体系与安全保证措施、信息管理体系等,经监理人批准后实施。重大施工方案和施工组织设计应报发包人批准,如承包人提交的施工组织计划不符合要求,应退回承包人修改完善,直至符合要求为止。

补充第(9)~(12)款:

(9)承包人必须按照施工组织设计的要求确保投入及时到位,监理人应依据合同条款督促其实施。

(10)承包人应在施工组织设计中阐明防灾防损防疫及事故紧急处理的预案措施。其主要内容包括:

a. 承包人应明确制定施工中风险管理的技术要求。

b. 承包人应对施工中的大型施工机械的施工安全制定严格的安全保障措施。

c. 承包人应对施工中的大型施工机械制定一机一用的技术操作手册及安全手册,上岗人员为经过专业培训且具备相应的操作资格的人员。

d. 承包人应针对突发性自然灾害提前做好预报、预警的防范措施及灾后抢险的应急措施(包括组织落实措施、物资设备落实措施、抢险技术措施及技术防范改进措施)。

(11)承包人编制的施工方案应充分考虑台风、季风、涌潮等不良气候对工程施工的影响。

(12)承包人编制的本项目的特殊技术、工艺方案需经监理人及发包人批准,一般方案由监理人批准;技术、工艺方案批准前是否需要进行专家论证,由发包人决定。同时承包人的施工方案管理应按照发包人下发的相关规定执行。对于技术难度大,存在重大技术风险的技术、工艺方案,若需进行专家论证,由承包人组织召开专家评审会。

4. 工程信息化系统

补充第(4)款:

(4)工程信息化系统建设依据与内容。发包人根据建设管理的需要,为实现本项目建设信息化的施工管理而实施的工程信息化建设,应具备数据自动采集和上传功能,并按照"浙江省交通建设管理系统"及"浙路品质"系统的数据接口做好对接。承包人应按照《浙江省交通运输厅关于印发〈浙江省公路水运工程项目智慧建设三年专项行动实施意见(2021—2023年)〉的通知》(浙交〔2021〕82号)、《浙江省交通运输厅关于加快推进全省交通建设工程视频监控系统安装工作的通知》和《关于深入推进阳光工程建设的意见》等的相关要求,分类分级做好项目智慧建设管理系统应用、物联网数据采集系统等相关配合和设备的系统运行维护,相关数据采集、录入、推送和统计分析等工作;做好专职系统操作人员的配备、培训和相关设施的配置、维护、备份管理等及一切与此有关的工作。

补充第5条:

5. 承包人应按照国家及浙江省交通运输厅公路建设标准化工地管理规定、安全施工管理规定以及美丽公路、"平安工地"、品质工程、施工质量提升、原材料和产品质量管理、"质安文化先进工地"等规定,进行工地标准化、施工标准化、管理标准化建设和安全、文明施工。承包人应按相关要求做到"三集中"[拌和厂集中,钢筋加工厂集中,预制

第七章 技术规范

厂集中(包括小型预制构件集中)]、"三智能"[配备钢筋数控智能加工设备(含钢筋笼自动加工系统)、智能张拉和压浆系统、混凝土主要构件智能养护系统]。

102.05 施工方法与质量控制

补充第1条,原第1、2、3、4条依次改为第2、3、4、5条:

1. 承包人是工程质量责任的主体,应按照规定落实质量岗位责任制,建立健全施工质量保证体系,实行质量责任登记制度。开工前,项目经理部必须建立"横向到边,纵向到底,控制有效"的质量自检体系,严格执行"三检"(自检、互检、交接检)制度。

补充第6~8条:

6. 承包人应重视质量通病的防治,对高填土不实、软土地基超限沉降、沥青路面早期破损、水泥路面断板开裂、路面不平、隧道渗漏水、桥面铺装层碎裂、桥梁伸缩装置松动、桥头跳车、防护工程和结构物表面粗糙、预应力结构管道压浆不饱满等质量通病,必须根据技术规范要求制定预控措施。[①]

7. 所有水泥混凝土结构采用的混合料,均应使用混凝土拌和楼拌和、混凝土搅拌运输车运送。对于混凝土搅拌运输车确实无法到达的涵洞工程、$5m^3$以下的零星混凝土工程需要采用混凝土搅拌机就地拌和的,应事先做好试验、明确质量保证措施并报监理人批准后方可实施。所有浆砌工程的水泥砂浆均采用机拌,并严格按照批准的配合比进行拌制。

8. 承包人应当保证施工原材料和产品符合设计文件和合同要求,建立原材料和产品使用追溯机制,应当采购质量合格且无安全隐患的施工原材料和产品,应当立即将不合格情况报送监理单位和发包人。

102.08 工程记录与竣工文件

第3条修改为:

3. 承包人应按照交通运输部《公路工程竣(交)工验收办法》《公路工程竣(交)工验收办法实施细则》和浙江省交通运输厅交竣工验收相关办法及其他相关规定编制竣工资料。全部工程完工后,在全部工程的交工验收证书签发之前,承包人须按合同条款约定向发包人提交经监理人确认完整、合格的竣工文件。在缺陷责任期内,承包人应补充竣工资料,并在缺陷责任期满45天之前提交。

补充第4~7条:

4. 本工程的信息发布应按照施工合同文件约定及发包人制定的相关信息发布管理办法规定执行。有关本工程的情况,承包人不能以任何手段出版任何资料和刊物。承包人应将合同的所有细节作为保密资料对待,未经发包人的事先批准,合同的任何部分或与本工程有关的详细资料(包括工程技术详图)不应在任何报纸、商业或技术文献上刊登或披露。承包人不得将工程照片用于宣传,除非事先得到发包人的书面同意。

---

① 根据项目实际列明质量通病防治措施。

承包人也不应在现场或施工设施上展示或允许展示任何贸易和商业性广告。在工地现场张贴布告,应事先得到监理人的批准,必要时应得到发包人批准,当监理人或发包人指示撤除时,应立即执行。

5. 交工所需文件应组卷成册,如档案部门另有规定的,除内容按上述文件要求编制外,还应符合档案部门的要求。

6. 竣工文件的原始件应单独集中编订在一套内,归发包人所有(留存)。

7. 当工程通过缺陷责任期评估后,承包人应提供缺陷责任期的竣工文件资料6套,其内容包括缺陷责任期内所进行的修复、返工或新增的工程项目应具备的资料。

102.13 安全保护与事故报告

3. 安全标志

补充第(4)款:

(4) 承包人应根据《关于在我省政府投资公路水运建设工程中推行安全质量远程视频监控系统的通知》(浙交〔2013〕120号)的要求在全线配置安全生产所需的施工安全视频监控系统,并应做到施工现场监控无盲点,包括设备的配置、安装、维护、储存、备份管理及网络构筑等一切与此相关的作业,发包人不另行计量与支付。

第103节 临时工程与设施

103.01 一般要求

补充第8条:

8. 承包人应按照《关于开展高速公路施工标准化活动的通知》《高速公路施工标准化技术指南》《浙江省高速公路建设工程标准化工地管理规定》《浙江省高速公路施工标准化管理实施细则》等的要求执行。

103.04 临时占地

补充第3条:

3. 如因承包人撤离后未按要求对临时占地进行恢复或虽进行了恢复但未达到使用标准而与当地发生纠纷,导致发包人发生额外支出时,发包人将从应付给承包人的任何款项内扣除所支出费用。

第105节 施工标准化

105.01 一般要求

补充第5~8条:

5. 承包人驻地建设必须按照交通运输部及浙江省交通运输厅公路建设工程标准化

工地管理规定等要求进行工地标准化、工艺标准化和管理标准化建设。在工地标准化建设过程中，承包人应按照相关要求配备钢筋数控加工设备、钢筋笼点焊系统、智能张拉和真空压浆系统以及视频监控系统等；承包人驻地建设实施方案须报经监理人和发包人审核批准后方可实施；承包人应综合考虑各种因素按总额进行报价。

在工地标准化建设过程中，承包人还须按照相关要求对施工区域进行封闭围挡，并按照相关要求建设阳光工程动态管理系统、远程视频监控系统；承包人在开工前应根据行业标准化建设有关要求，结合工程特点，按照设计文件和合同文件要求编制驻地建设实施方案。

6. 施工现场临时搭建的建筑物及其他设施应当符合安全使用要求。

7. 承包人驻地建设方案，应经监理人、发包人审批同意后方可实施。

8. 工程交工验收后60天内，承包人应负责将本合同所有驻地中的一切建筑物及其固定设备和附件全部拆迁完成，同时负责将驻地、临时用地及标段内的施工场地恢复原状；桥下中分带用地按照设计方案进行整修、绿化，达到环保验收要求。

第200章 路　　基

第201节 通　　则

201.02　材料

第1条补充第(1)～(9)款：

(1) 土石方

在公路路基范围以内,除结构物基础开挖以外的所有土石方开挖作业定义为挖土石方。

(2) 弃方

非适用材料(包括场地清理的淤泥、腐殖土、高液限土、生活垃圾和建筑垃圾)或保证路基及其他工程利用填筑之后剩余的并经监理人批准可弃的材料,且必须清运到公路用地以外的挖方为弃方。

(3) 利用方

根据设计要求或监理人指示,路基挖方中的适用材料,用于填筑路基或其他填筑工程的为利用方。

(4) 借方

根据设计要求或监理人的批准,从公路用地范围外的借土场取得的适用材料,用于填筑路基或其他填筑工程的为借方。

(5) 土石混合料

指用于填方路基,经开采(或利用)的、粒径大于37.5mm的石块含量大于30%的土石混合料。石块的最大粒径要求:路基顶面以下30cm范围内,最大粒径不大于50mm;30～150cm范围内,不大于150mm;150cm以下,不大于层厚的2/3。

(6) 透水性材料

主要为级配良好的砂砾、碎石和清宕渣等,其主要物性指标应符合设计图纸的要求。

(7) 素土

指液限小于50%、塑性指数小于26的天然土,要求有机质含量小于5%,粒径大于10mm的颗粒含量不超过全重的10%。不得采用地表耕植土、淤泥及淤泥质土、杂填土直接作为素土使用。

(8) 清宕渣

主要用于低填浅挖及养殖塘段换填处理,均采用渗水性良好的清宕渣。用于换填及路基填筑的清宕渣,粒径不大于10cm,含泥量应不大于8%,石料抗压强度不小于30MPa,其余技术指标应符合图纸要求。

(9)级配碎石

主要用于桥梁台背软土路基填筑、箱涵基底换填,最大粒径为53mm,级配应符合图纸要求。

201.03　一般要求

补充第4条：

4.小型预制构件

小型预制构件施工应符合《公路工程小型预制构件施工技术规范》(DB33/T 2386—2021)的要求。

第203节　挖方路基

203.03　施工要求

补充第7条：

7.深挖路堑(含高边坡)施工

(1)深挖路堑(含高边坡)施工是路基工程中制约工期和存在边坡不稳定隐患的关键分项工程,承包人必须高度重视。

(2)承包人在深挖路堑(含高边坡)开工前至少28d,应根据路堑深度、长度、边坡高度、地形、地质、开挖断面、土方调配及弃方等情况,制定详细的施工作业计划报监理人批准,否则不得开挖。

(3)开挖前,承包人应做好排水系统,包括坡顶的截水沟及路堑两端的排水设施,防止施工过程中地表水对边坡的冲刷。

(4)路堑边坡(含高边坡)应严格按图纸施工,若实际地质与设计有出入,承包人应在确保边坡稳定的前提下,及时提出坡率修改意见报监理人审批。

(5)路堑开挖应采用"横向分层、纵向分段,两端同步、阶梯掘进"的方式施工;运渣通道与掘进工作面应妥善处理,做到运渣、排水、挖掘互不干扰,以确保开挖顺利进行。

(6)石方路堑开挖,应以小型及松动爆破为主,严禁过量爆破,特别对边坡开挖尽可能采用光面爆破,使边坡符合设计要求,开挖后边坡上不得留有松石、危石,凹凸尺寸不应大于100mm,否则应采用人工修凿;边坡上每节的碎落台必须按设计图施工,修凿平整,以确保岩体稳定,外侧亏缺部分应采用30MPa混凝土补足并锚固。

(7)对风化破碎的岩体,为确保边坡稳定,宜采用预裂爆破,再采用人工修凿,开挖后边坡防护要及时跟上,避免岩体长期暴露而塌方。雨季暴露时间不宜大于1个月,其他季节不大于2个月。

(8)石方路堑的路床顶面高程应符合图纸要求,只可适当超挖,不准高出,以利路床顶面铺设排水层,适应路面内部排水需要。

(9)承包人应做好与路堑两端接头填土的衔接工作;利用路堑挖方(或利用方)填

筑,其粒径和填筑工艺应严格按第204.04-7条的规定实施,以防止两端填土发生不均匀沉降。

(10)高路堑边坡应加强稳定性观测,确保高边坡施工稳定及运营安全。

第204节 填方路基

204.04 施工要求

补充第11条:

11. 宕渣路基路堤

(1)填料最大粒径和最小强度(CBR)值必须满足设计规范及施工图纸的要求。液限大于50%、塑性指数大于26的细粒土,不得直接作为路堤填料。泥炭、淤泥、有机质土等,不得直接用于填筑路基。

(2)路基填筑前应对原地面土质进行碾压夯实,一般路基其压实度不应小于90%,并对坡度1:5以上地基表层进行台阶开挖处理;路基填筑应严格控制填料的粒径、压实度和均匀性,对每一段路基均须分层摊铺、分层均匀碾压。不同土质的填料应分层填筑,且应尽量减少层数,每种填料层总厚度不得小于500mm。

(3)路堤填土宽度每侧应宽于路基设计宽度30cm,压实宽度不得小于设计宽度,最后削坡,以保证修整路基边坡后的路堤边缘有足够的压实度,并及时进行边坡防护,以防止雨水冲刷。

(4)路基填筑时应分层碾压,每层虚方厚度不大于30cm,桥涵、挡墙台后每层虚方厚度不大于20cm,每一水平层均应采用同类填料填筑;上路床填料中粒径0.5~4cm的颗粒应占到70%以上;涵顶填土50cm以内采用静压,超过50cm后,才能采用振动压路机进行碾压。

补充第216节:

第216节 路基不均匀沉降的防治

216.01 基本要求

1. 路基不均匀沉降是路基施工中存在的通病,主要是填层过厚、粒径过大、基底(软基)处理不当、压实不足等原因引起,承包人对此必须予以高度重视。

2. 承包人对标段内易产生不均匀沉降的路基,如横向半填半挖路段、纵向填挖交界路段、填河(塘)路段及高填土路段等敏感路段的填筑,必须摸清情况,针对各路段不同类型,按照设计要求制定切实可行的施工工艺和措施,报请经监理人审查批准后,认真实施。

3. 承包人应重视路基填料料源的选择和填筑材料的试验。路基填料的最小强度和最大粒径应符合本规范表204-1的要求。材料粒径必须在料场控制,严禁超粒径石块运到工地后再用人工解小。料源(借土场或利用方)确定后,应进行填方材料的试验,并将试验结果报监理人批准。

216.02 施工要点

承包人除严格按设计要求和本规范第204.04小节施工要求进行路堤填筑外,更应重视下列不同类型路段的路基填筑。

1. 水塘(河)地段填方

(1)要重视水塘(河)地段的路基填筑,避免因填筑不当引起路基局部不均匀沉降而开裂、沉陷。

(2)水塘(河)地段填方施工宜在干燥和雨量较少的季节进行。

(3)承包人应按图纸或监理人的要求,围堰抽水,清除表层淤泥,并采用渗水性良好的材料分层回填压实至常水位以上50cm,然后进行填塘(河)部分路基的软基处理或正常的填筑(不需要进行软基处理)。围堰应至少高出最高水位30cm,不得有渗漏现象,同时要保证在整个施工期间处于完好状态。

(4)若设计采用抛石挤淤方法填筑河、塘,抛石挤淤应按图纸或监理人的要求进行,抛填应从路堤中心呈等腰三角形向前抛填,渐次向两侧对称地抛填至全宽,使淤泥向两侧挤出。当采用单侧抛挤时,应从高侧向低侧抛投,并在低侧边部多抛填,使低侧边部有不少于2m宽的平台顶面。抛石顶面一般需高于常水位50cm并预留沉降,然后用较小石块和碎石填塞垫平,用重型压路机压实至稳定。

(5)当遇路基半侧在水塘(河)中的情况时,施工应注意拼填部位的填筑质量,除需清除塘(河)坎侧的树根杂草外,还应将表面松土清除,拼填时随填高要求挖出台阶,分层压实至设计要求的压实度。台阶处可采用人工或机夯压实,以保证拼填部位密实稳固。

(6)沿河路基施工时,原河道如需拼宽开挖及沿河侧路基防护等河道内作业,必须在路堤填筑前先行完成,严禁在路堤填筑期间抽干河中积水进行河道内作业。

(7)对于采用土工合成材料加固的填河(塘)路段,土工合成材料及铺设层位必须按图纸所指示的要求执行。土工合成材料必须横跨并超出河(塘)岸线铺设,并满足图纸要求的最小锚固长度。

(8)承包人在水塘(河)地段填筑时,应及时设置水平位移和沉降观测标桩,以便按规定时限进行观测。观测断面的设置间距不大于50m。

若路基只有一侧在水塘(河)中,则沉降观测标桩应设置在左右路肩和路中心处。靠水塘(河)侧水平位移标设置于坡脚、护坡道外缘或监理人指定的位置,另一侧与正常路堤相同。

2. 高填方路堤

(1)承包人要重视超过5m的高填土的填筑,避免因填筑不当、压实不足引起路基不均匀沉降而局部开裂、沉陷。要严格按照图纸的要求及本规范第204.04-6条的规定进行填筑。

（2）高填土填筑除做好原地面的清理工作外，重点要抓住粒径、层厚和压实三个主要环节，要严格控制石料的最大粒径，路堤（路床底面1.5m以下）石料的最大粒径不超过层厚的2/3；应采取措施分层填筑、分层碾压，砂性土层厚不超过30cm，土石混合料层厚不超过40cm，宕渣层厚不超过50cm。

（3）足够的碾压是消除路堤固结形变的最有效方法。高路堤的固结形变历时较长，在固结过程中高路堤会产生不均匀沉陷，而不均匀沉陷对路面是十分有害的。如路堤土的密实度接近重型击实试验法的最大干密度，则路堤一般不再产生固结形变。因此，提高压实能力，完善压实工艺，以高标准进行路基的压实是保证路基强度和稳定性的一项最经济有效的技术措施。承包人在高路堤填筑前，必须制定详细的作业计划，报监理人批准后认真实施。

（4）对于高填方的宕渣路堤，承包人应选择具有级配的宕渣料源，并根据气候条件组织填筑及碾压；对于局部填层表面空隙较大地段，应采用碎石、石屑、砂砾等材料填充，以增加路基的密实度和稳定性。

: 第七章 技术规范

第 300 章 路 面

第 301 节 通 则

301.03 一般要求

补充第6条：

6. 路面施工应符合《浙江省高速公路沥青路面规范化施工指南》(ZJ/ZN 2019-07)的要求。

第 304 节 水泥稳定土底基层、基层

本节修改为：

本项目水泥稳定碎石基层及底基层采用振动成型法施工，具体按照设计图纸及《公路水泥稳定碎石基层振动成型法施工技术规范》(DB33/T 836—2011)进行。

第 311 节 改性沥青及改性沥青混合料

311.02 材料

3. 集料与填料

（1）粗集料

b项修改为：

b. 粗集料必须采用石质坚硬、洁净、干燥、无风化、无杂质、近正方体、有棱角的优质石料颗粒，必须严格限制集料的针片状颗粒含量，并且具有足够的强度、足够的耐磨耗性和抗冲击性。

（2）细集料

a项修改为：

a. 沥青面层采用坚硬、洁净、干燥、无风化、无杂质并有适当级配的人工轧制的细集料，不得采用石屑。其规格和质量要求均应符合《公路沥青路面施工技术规范》(JTG F40—2004)第4.9节的有关规定。

（3）填料

补充c项：

c. 拌和楼回收的粉料不得用于拌制沥青混合料，以确保沥青面层的质量。

第314节 路面及中央分隔带排水

314.03 施工要求

补充第7、8条：

7.路面排水设施

路面排水设施施工的原材料、模板要求和工作程序还应执行《浙江省高速公路沥青路面规范化施工指南》(ZJ/ZN 2019-07)的有关规定。

8.施工现场管理

(1)严格遵守机械安全操作规程，在挖掘过程中严禁人员靠近挖掘半径，工人必须戴好安全帽，辅助做好清理及整平工作。

(2)开挖完成后，应在所开挖范围设醒目的危险标志标牌，严禁人员、机械进入。

(3)养护期间，应始终保持混凝土充分湿润，养护期至少7d，严禁他物撞击、破坏。

第400章 桥梁、涵洞

第401节 通　则

401.02　一般要求

1. 核对图纸和补充调查

本条原内容后补充：

承包人必须对图纸中提供的桩位坐标放样核对，并交监理人确认、核查无误后方可开工。承包人对图纸中有关墩台顶高程、支座高程、箱梁高程、梁板几何尺寸、预埋件等核查确认后，方可立模绑扎钢筋，浇筑构件混凝土。因承包人原因造成的漏设或未按图纸预埋导致的返工费用，由承包人承担。

3. 复测

本条修改为：

（1）承包人应在开工前对桥梁中心位置桩、三角网基点桩、水准基点桩及其他测量资料进行核对、复测。若桩志不足或不符合要求，应按《公路桥涵施工技术规范》（JTG/T 3650—2020）第3章"施工准备和施工测量"有关要求重新补测，并将复测或补测结果报监理人认可。在合同工程的整个施工期间，承包人应对测量基准点进行妥善保护，并根据需要对控制网进行加密，直至工程竣工验收。

（2）平面控制网宜采用卫星定位测量与RTK技术相结合的作业模式，并采用三角测量检测卫星定位测量的定位结果。测量等级应采用《公路桥涵施工技术规范》（JGT/T 3650—2020）中表3.2.5-1、表3.2.5-2及表3.2.5-5中规定的最高等级，并符合相应技术指标要求。

（3）高程控制水准测量等级及相应的主要技术要求应符合《公路桥涵施工技术规范》（JTG/T 3650—2020）第3.2.6条的有关规定。

（4）施工过程中应对结构的变形过程进行随时监测和记录，做到测量成果具有可追溯性，原始记录本分类归档保存，测量成果及时报告给监理人。

（5）承包人应对桥梁中心位置桩、三角网基点桩、水准基点桩等控制标志加以妥善保护，直至工程竣工验收。

（6）承包人的测量仪器、设备、组织程序和测量方法等应满足施工控制的要求。

8. 安全技术措施

第（1）款修改为：

（1）大型临时工程、机械设备等均应满足30年一遇气象条件和20年一遇水文条件的安全要求。桥梁施工前，应对施工现场、机具设备及安全防护设施等进行全面检查，建立安全管理台账，并经有关部门检查认证，确认符合安全要求后方可施工。承包人在施工全过程中应始终认真贯彻执行《建设工程安全生产管理条例》的规定。

补充第(8)~(10)款：

(8)在桥梁基础施工前,承包人应结合设计阶段管线调查资料,进一步做好管线调查、探查工作;在施工阶段进一步做好对跨越管线施工的专项论证,落实做好对管线的安全防护工作,确保各种管线安全。施工过程中,若发现新的公共设施管线和其他物品等,应立即停止施工。承包人负责做好现场管线探明及现场保护、标识工作。处置方案未明确前不得施工。

(9)临近公路、堤坝、管道及其他构筑物的施工,承包人应根据相关行业标准采取安全防护措施,编制专项施工方案,提交监理人审查,并取得相关部门施工许可。

(10)场地恢复

在下部结构等各工序施工结束后,应及时对桥下场地进行整平恢复。

补充第9~12条：

9.环保要求

在桥梁施工期间,应严格执行本技术规范第102.11小节有关环境保护的要求。为防止本工程在施工期和运营期对当地水质造成不良影响,应根据当地及相关部门要求,从技术角度提出和做好相关工程的水污染防治措施,将本工程对当地水质的影响降到最低。

(1)施工人员生活污水

施工营地应集中合理布置,施工人员的临时居住地生活污水应进行集中收集处理,并委托当地环卫部门进行定期清运。对施工人员应加强管理和环保意识教育,对生活垃圾不准随意抛弃,应集中收集并外运处置。

(2)施工生产废水

a.对施工生产废水,如砂石料筛分、混凝土拌和废水以及施工泥浆水,应设置沉淀池予以处理,对施工机械及车辆维修、冲洗的含油废水设置隔油池予以处理。各类施工生产废水通过集水沟进行收集,经沉淀池净化处理后,可作为施工场地和便道的洒水降尘及边坡绿化养护用水,严禁排入就近河道。

b.地表开挖和填筑工程,应尽量避开雨季。

c.施工场地、砂石料堆场等周围应设置集水沟和沉沙池,防止水土流失。施工结束后,应对上述场地及时清理并复绿。

d.施工中产生的废油、废沥青和其他固体废物不得堆放在水体旁,应及时清运。

e.含有害物质的建材(如沥青)不得堆放在水体附近,并应设篷盖,防止雨水冲刷入水体。

f.合理设置施工便道,控制新开辟施工便道数量,尽可能将现有道路扩建后使用。

(3)桥梁施工

a.桥梁施工中应加强对施工机械和施工人员的管理,严禁漏油洒落水体,排污工作规范到位并满足相关部门的要求;钻孔灌注桩施工时,承包人应设置专用沉淀池、泥浆池,并采用切实可行的施工辅助措施,挖出的钻渣和泥浆水不得弃入水体,钻渣应上岸处置,干化后外运处置,干化场地四周设集水沟和沉沙池;钻渣排水经处理达标后由专用车运送至指定地方处置和排放。

b. 在桥梁施工期间,特别是钻孔灌注桩施工时,承包人有责任保护所在区域、河流不受污染,在处理建筑垃圾时应按照有关部门的要求进行,在处理钻孔灌注桩泥浆时应使用泥浆分离器,同时不得随意排放、废弃。

10. 防腐要求

钢结构桥梁及桥梁所有外露的金属预埋件和构件(包括护栏、灯柱、通信管道、排水设施等),应按图纸及说明要求进行防腐处理,以保证整个桥梁的耐久性和运营过程中的美观。

11. 标准化施工工艺

根据交通运输部、浙江省交通运输厅、项目所在地相关部门关于标准化建设的相关规定,以及发包人相关管理办法,承包人应尽量对各构件的施工采取标准化、工厂化的生产工艺,须与设计人沟通标准化施工过程中的关键技术问题,并制定标准化管理实施细则。

12. 其他要求

桥梁施工应符合《公路工程小型预制构件施工技术规范》(DB33/T 2386—2021)、《公路桥梁后张法预应力施工技术规范》(DB33/T 2154—2018)、《公路中小跨径钢板组合梁桥施工质量控制指南》(ZJ/ZN 2020-08)的要求。

401.05 地质情况变化时的处理

本小节修改为:

桥梁基础在施工过程中,若地质情况有变化,承包人应及时报告监理人并提出处理意见,经设计人认可、监理人批准后实施。

第 403 节 钢 筋

403.02 材料

1. 一般要求

第(1)款修改为:

(1)HPB300 钢筋应符合《钢筋混凝土用钢 第 1 部分:热轧光圆钢筋》(GB/T 1499.1—2017)的规定,HRB400 钢筋应符合《钢筋混凝土用钢 第 2 部分:热轧带肋钢筋》(GB/T 1499.2—2018)的规定。钢筋的主要力学、工艺性能见表 403-1。

表 403-1 钢筋的主要力学、工艺性能

钢筋种类	HPB300	HRB400		
钢筋直径(mm)	6~22	6~25	28~40	>40~50
最小屈服强度(MPa)	300	400		
最小抗拉强度(MPa)	420	540		
延伸率(%)	25	16		
180°冷弯弯芯内径	d	4d	5d	6d

注:表中 d 为钢筋公称直径。

补充第(4)款:

(4)钢筋产品的质量必须符合国家有关标准及本项目设计人提出的设计要求。如国家有新标准出台,则应符合国家所颁发的最新版本的质量和技术标准。

403.03 试样及试验

1. 一般要求

第(1)~(3)款修改为:

(1)钢筋应按《金属材料 拉伸试验 第1部分:室温试验方法》(GB/T 228.1—2021)、《钢及钢产品 力学性能试验取样位置及试样制备》(GB/T 2975—2018)、《金属材料 弯曲试验方法》(GB/T 232—2010)、《焊接接头冲击试验方法》(GB/T 2650—2008)、《焊接接头拉伸试验方法》(GB/T 2651—2008)的规定,进行屈服点、抗拉强度、延伸量和冷弯试验及焊接性能试验,或经监理人批准,采用相应的国际标准。

(2)钢筋必须按不同钢种、等级、牌号、规格及生产厂分批验收,分别堆存,且应立牌标明"已检合格区、待检区、不合格区",以便于识别。钢筋应入库存放,不准露天堆放,短期露天堆放应备有防雨覆盖物,并应建立钢材进出调拨台账以备追溯查询。

(3)所有钢筋试验必须在具有相应资质并取得监理人同意的试验室进行。

403.04 钢筋的储存、加工与安装

第2条修改为:

2. 钢筋整直

盘筋和弯曲的钢筋,采用冷拉方法调直钢筋时,HPB300钢筋的冷拉率不宜大于2%,HRB400钢筋的冷拉率不宜大于1%。

3. 钢筋的截断及弯曲

第(1)款修改为:

(1)除监理人书面指示外,所有钢筋的截断及弯曲工作均应在工地的加工厂内进行,钢筋加工场地应搭设加工工棚,地面用素混凝土硬化,并做好排水沟。

403.05 钢筋接头

1. 一般要求

补充第(4)、(5)款：

(4)桩基竖向钢筋及直径大于或等于25mm的HRB400墩身钢筋采用机械连接接长,钢筋接头等级为Ⅰ级,其技术标准应符合《钢筋机械连接技术规程》(JGJ 107—2016)及《钢筋机械连接用套筒》(JG/T 163—2013)的有关规定。对于直径小于25mm的钢筋,除图纸中有明确要求外,宜按规范要求采用焊接连接,焊缝长度、质量应满足规范要求。

(5)在施工过程中,应严格按照《钢筋焊接及验收规程》(JGJ 18—2012)规定的接头形式、焊接方法、适用范围或图纸中明确的焊接方式进行钢筋的连接。钢筋接头形式应符合下列要求：

a.轴心受拉和小偏心受拉构件中的钢筋接头,不宜采用绑扎。

b.钢筋的纵向焊接应采用闪光对焊。当缺乏条件时,可采用电弧焊、电渣压力焊、气压焊。

c.钢筋的交叉连接,无电阻电焊机时,可采用手工电弧焊。

d.电渣压力焊只适用于竖向钢筋的连接,不能用于水平钢筋和斜筋的连接。

e.钢筋接头采用搭接或帮条电弧焊时,宜采用双面焊缝。当双面焊缝无法实施时,方可采用单面焊缝。

f.钢筋接头采用帮条电弧焊时,帮条应采用与主筋同级别的钢筋,其总截面面积不应小于被焊钢筋的截面积。

2.焊接接头

第(3)款修改为：

(3)钢筋的纵向焊接,应采用闪光对焊;当缺乏闪光对焊条件时,可采用电弧焊(帮条焊、搭接焊)。钢筋焊接接头应符合《钢筋焊接及验收规程》(JGJ 18—2012)的规定。

第(6)款c项修改为：

c.如钢筋种类和直径有变动,或焊工有变换,应对建立的焊接参数进行校核,其方法是取两根钢筋试样进行90°冷弯试验。90°冷弯围绕一固定的梢进行,HPB300钢筋冷弯直径为2倍钢筋直径,HRB400钢筋为5倍钢筋直径。当钢筋直径大于25mm时,冷弯直径增加一个钢筋直径。对焊接头进行弯曲试验时,应将受压面的金属毛刺和因焊接而增厚部分削除,且与母材的外表齐平,焊缝应处于弯曲中心。

第(6)款补充d、e项：

d.各种焊条在运输和存放中,应采取防止受潮变质的措施,存放在干燥的库房内。焊接中不得使用受潮变质的焊条,雨雪天气不能露天焊接,平时应保持焊接工作区域内环境干燥清洁。当采用低氢型碱性焊条时,使用前应按说明书的要求烘焙,干燥后放入保温桶内保温备用;采用酸性焊条时,如受潮,在使用前应进行烘焙。

e.必须严格按设计要求选择焊接的焊条及焊剂,确保焊条的型号、材质性能、适用范围与钢筋规格种类相匹配。

3.绑扎搭接接头

第(1)款修改为:

(1)除图纸所示或监理人同意(当无焊接及机械接头条件时,且钢筋直径≤25mm)外,一般不宜采用绑扎搭接。绑扎搭接长度不应小于表403-3的规定。在受拉区,光圆钢筋绑扎接头末端应设180°弯钩,带肋钢筋的绑扎接头末端可不设弯钩。受压带肋钢筋绑扎接头的搭接长度,应取受拉钢筋绑扎接头搭接长度的0.7倍。

表403-3 受拉钢筋绑扎接头的搭接长度

钢筋类型	HPB300	HRB400	
混凝土强度等级	C25	≥30	≥30
搭接长度(mm)	40d	35d	45d

注:①表中d为钢筋直径。
②当带肋钢筋直径d大于25mm时,其受拉钢筋的搭接长度应按表中值增加5d采用;当带肋钢筋直径d小于或等于25mm时,其受拉钢筋的搭接长度可按表中值减少5d采用。
③当混凝土在凝固过程中受力钢筋易受扰动时,其搭接长度应增加5d。
④在任何情况下,纵向受拉钢筋的搭接长度应不小于300mm,受压钢筋的搭接长度应不小于200mm。
⑤环氧树脂涂层钢筋的绑扎接头搭接长度,受拉钢筋按表值的1.5倍采用。
⑥两根不同直径钢筋的搭接长度,以较细的钢筋直径计算。

4.钢筋机械连接接头(简称机械接头)

(1)一般规定

a、d、f项修改为:

a.使用机械接头时,宜采用套筒挤压接头、滚轧直螺纹接头和镦粗直螺纹接头,且应符合《钢筋机械连接技术规程》(JGJ 107—2016)的规定。

d.钢筋机械连接接头的等级应选用Ⅰ级或Ⅱ级,接头的性能指标应符合《公路桥涵施工技术规范》(JTG/T 3650—2020)附录B的规定。

f.钢筋连接件的混凝土保护层厚度应满足本规范第410节规定的最小厚度的要求,且不得小于20mm。连接件之间的横向净距不宜小于25mm。

(4)镦粗直螺纹钢筋接头

b.丝头

(b)目修改为:

(b)钢筋丝头的螺纹应与连接套筒的螺纹相匹配,公差带应符合《普通螺纹 公差》(GB/T 197—2018)的规定,螺纹精度可选用6f级。

(5)滚轧直螺纹钢筋连接接头

a.连接套筒及螺母

(b)目修改为：

(b)连接套筒的尺寸、螺纹规格应符合产品设计要求及《钢筋机械连接用套筒》（JG/T 163—2013）、《普通螺纹　基本尺寸》（GB/T 196—2003）的相关规定；螺纹中径公差应符合《普通螺纹　公差》（GB/T 197—2018）中6H级精度规定的要求。

403.06　钢筋骨架和钢筋网

第2~4条修改为：

2. 预制成的钢筋骨架，必须具有足够的刚度和稳定性，以便在运送、吊装和浇筑混凝土时不致松散、移位、变形，必要时可在钢筋骨架的某些连接点处加以焊接或增设加强钢筋。吊装钢筋骨架时，应采用多吊点起吊，吊点间距应均匀分布；为防止吊装时钢筋骨架局部产生过大变形，钢筋骨架上应设置专用吊架。

3. 钢筋骨架的焊接拼装应在坚固的工作台上进行，操作应按《公路桥涵施工技术规范》（JTG/T 3650—2020）第4.4.5条的规定执行。

4. 钢筋网焊接应按《公路桥涵施工技术规范》（JTG/T 3650—2020）第4.4.6条的规定执行。若采用定型钢筋焊接网时，其技术要求、试验方法、检验规则及质量证明书等应符合《钢筋混凝土用钢　第3部分：钢筋焊接网》（GB/T 1499.3—2010）的规定。

第404节　基础挖方及回填

404.02　施工要求

2. 开挖

补充第(11)~(14)款：

(11)基坑开挖时现场应有专人指挥，陆域及一般河沟处基坑均需采用钢板桩进行支护，同时基坑需边开挖边检查坑壁安全，基坑深度超过2m且坑壁陡立时应设供人员上下的爬梯，坑顶四周设高度不小于1.2m的防护栏杆。

(12)采用机械开挖基础时，不能直接挖至设计基础的底高程，必须预留0.3~0.5m由人工开挖修整，并应严格控制欠挖。

(13)桥梁施工时，在河道管理范围内堆放施工器材、工具，修建围堤、围墙、阻水道路或者修筑施工围堰等临时设施时均会降低河道行洪排涝能力，建议尽量将施工期安排在非汛期，汛期来临前清理一切阻水建筑物，以保证河道原有的过水能力，涉河施工方案应报水行政主管部门批准并备案。

(14)桥墩布置于河道堤防上或距堤防工程较近的，会对现有河道护岸、堤坝等水利设施结构造成不利影响的，在桥梁下部结构施工前，工程方案应经监理人同意后，上报工程所在地的县(市)区水行政主管部门审查并批准。需要对现状堤防进行破除的，基础施工完成后需进行原状恢复，为降低对护岸边坡稳定的影响，应做好护岸护砌措施。

第405节　钻孔灌注桩

405.03　材料及水下混凝土

第2条第(3)款内容修改为：

(3)粗集料的最大粒径不应大于导管内径的1/8~1/6和钢筋最小净距的1/4，同时不得大于37.5mm。

405.04　钻孔

第2条第(3)款内容修改为：

(3)护筒高度宜高出地面0.3m或水面1.0~2.0m，同时应高于桩顶设计高程1m。

405.05　固孔

第4条修改为：

4.胶泥应采用清水彻底拌和成悬浮体，使钻孔在灌注混凝土时及至施工完成时保持孔壁的稳定。泥浆的性能指标按《公路桥梁施工技术规范》(JTG/T 3650—2020)第9.2.6条执行，施工时除对相对密度和黏度应进行试验外，如果监理人要求，对其他指标也应予以抽检。

桩基施工中建议将成孔时泥浆黏度调至20Pa·s以上，以保证不塌孔。

405.06　钻(挖)孔工序

补充第5、6条：

5.钻孔至设计深度后，应加密取渣频率，以正确判定地质变化，确定持力层土层性质，并在施工过程中报地质工程师及监理等相关人员确认。

6.同一承台下的相邻桩不得同时进行施工，应待相邻桩水下混凝土灌注完毕满36h后方可开工。桩净距在4倍桩径以上者可不受此条约束。

405.07　清孔

第3条修改为：

3.清孔后孔底沉淀物厚度应按图纸规定值进行检查，不得采用加深钻孔深度的方式代替清孔。对于砂层较厚的地层，确保二次清孔采用反循环并用空压机配合，以缩短清孔时间，争取在最短时间内将孔底沉渣清到设计要求厚度。

405.09　钢筋骨架

第2、3条内容修改为：

2.钢筋骨架焊接应严格按照《钢筋焊接及验收规程》(JGJ 18—2012)执行。钢筋骨架应有足够的强劲内撑架，图纸无规定时，螺旋筋与主筋宜采用交叉点焊固定，防止钢筋骨架在运输和就位时变形,在钢筋骨架顶面应采取有效方法进行固定,防止混凝土灌注过程中钢筋骨架上升。支承系统应对准中线,防止钢筋骨架倾斜和移动。

3. 钢筋骨架上应事先安设控制钢筋骨架与孔壁净距满足图纸要求的混凝土垫块,这些垫块应可靠地以等距离绑在钢筋骨架周径上,其沿桩长方向的间距不得超过2m,横向圆周不得少于4处,但图示者除外。混凝土垫块的形状应做成中心留孔的预制圆板,便于穿挂在骨架的箍筋上;或者采用其他有效方法以保证图纸要求的保护层得到满足。钢筋骨架底面高程允许偏差为±50mm。

补充第5条:

5. 桩基钢筋骨架入孔前应严格自检、报检,每节骨架均应有半成品标志牌,标明墩号、桩号、节号,仔细检查每节钢筋骨架的直径、根数、间距、长度、焊接质量等各项指标;两节以上钢筋骨架入孔时,每次骨架连接好后必须经监理人验收合格后才能继续下道工序。钢筋骨架对接时应采用机械连接,各类接头的性能均应符合《钢筋机械连接技术规程》(JGJ 107—2016)的规定,同时需满足《公路桥涵施工技术规范》(JTG/T 3650—2020)的相关要求。

补充第405.13小节:

405.13 声测管

为了确保桩基的质量,声测管必须按图纸要求进行埋设。声测管的埋设应满足《公路工程基桩检测技术规程》(JTG/T 3512—2020)的有关要求,并采用符合《混凝土灌注桩用高强钢塑声测管》(JT/T 871—2013)等其他行业标准中性能可靠的材料。当桩径不大于1.5m时,埋设3根声测管;当桩径大于1.5m时,埋设4根声测管。声测管应牢固绑扎在钢筋笼内侧,随钢筋笼分段安装,管与管互相平行、定位准确,并埋设至桩底。

声测管高出基桩顶面50cm以上,下端焊接钢板来保证密封,要求不漏水。声测管接头应密封好,顶部用木塞封闭,防止砂浆、杂物堵塞管道。底部每埋设一节应向管内加注清水。混凝土浇筑前应用塞子堵死管口,避免杂物进入,声测管采用相应直径的套管对焊接长。

对声测管总体的要求为:接头牢固不脱开,密封不漏浆;管壁平整无弯折、变形;管体竖直;管内畅通。

第410节 结构混凝土工程

410.02 集料

2. 细集料

第(1)款修改为:

(1)细集料应由颗粒坚硬、强度高、耐风化的天然砂构成,天然砂云母含量小于2%。

除此之外,经发包人、监理人批准,允许采用硬质岩石加工的机制砂,机制砂应满足《建设用砂》(GB/T 14684—2022)、《浙江省交通建设工程机制砂生产(干法)及机制砂混凝土技术指南》(浙江省交通运输厅 2016 年 1 月发布)和《公路桥涵施工技术规范》(JTG/T 3650—2020)中Ⅱ类砂的技术要求。严禁使用海砂、山砂及风化严重的多孔砂。

第(3)款修改为:

(3)细集料的级配范围、坚固性、杂质的最大含量应符合《公路桥涵施工技术规范》(JTG/T 3650—2020)第 6.3 节的相关规定,试验应按《公路工程集料试验规程》(JTG E42—2005)进行。

3. 粗集料

第(1)~(4)款修改为:

(1)粗集料应由符合《公路桥涵施工技术规范》(JTG/T 3650—2020)表 6.4.3 所列级配的坚硬碎石组成。C30 及 C30 以上的混凝土应采用反击式破碎机生产的粒径不大于 25mm 连续级配碎石。大体积混凝土宜选用线胀系数较小的集料。C50 及以上混凝土粗集料宜水洗。

(2)粗集料宜采用连续级配。

(3)粗集料的有害物质含量及技术要求应符合《公路桥涵施工技术规范》(JTG/T 3650—2020)表 6.4.1 的相关规定。

(4)粗集料最大粒径应满足《公路桥涵施工技术规范》(JTG/T 3650—2020)第 6.4.4 条的相关要求。

410.05　外加剂及混合材料

1. 外加剂

第(4)款修改为:

(4)混凝土外加剂应满足《公路桥涵施工技术规范》(JTG/T 3650—2020)第 6.6 节的相关规定。不同品种的外加剂应分别储存,做好标记,在运输与储存时不得混入杂物和遭受污染。

2. 混合材料

补充第(3)款:

(3)粉煤灰必须来自燃煤工艺先进的电厂,选用组分均匀、各项性能指标稳定的低钙灰。粉煤灰的品质,应首先注重烧失量和需水量比。粉煤灰的烧失量不大于 5%(对预应力箱梁混凝土,烧失量不宜大于 3%),需水量比不大于 100%,三氧化硫含量不大于 3%,其他指标应符合《用于水泥和混凝土中的粉煤灰》(GB/T 1596—2017)中Ⅱ级粉煤灰的要求。

410.07　材料运输和储存

1. 集料

第(2)款修改为:

(2)混合料所使用的同规格材料,特别是集料,施工现场要设置至少两个储料场(仓、区),防止未经试验检测的材料用于工程中。同时应分别挂牌标明"已检合格区、已检不合格区、待检区"。

410.10　混凝土浇筑

3.大体积混凝土的浇筑

补充第(6)、(7)款：

(6)炎热季节施工时,宜采取措施降低混凝土的入模温度。混凝土的入模温度一般不宜超过28℃。新浇混凝土与邻接的已硬化混凝土或岩土介质之间的温差不大于20℃,混凝土表面的接触物(如喷涂的养护剂)与混凝土表面温度之差不大于15℃。

(7)对于大体积混凝土,应选用水化热低的水泥,选择合适的配合比,并通过水化热计算采取合理的温控措施；同时应制定混凝土温控专项方案,按批准的方案实施。

410.15　混凝土表面的修整

补充第9条：

9.混凝土表面的任何修整,均应在交工验收(质量鉴定)后才可由监理人批准实施。

第411节　预应力混凝土工程

411.02　一般要求

1.预应力系统

补充第(4)、(5)款：

(4)所有预应力张拉(含压浆)工作,必须有监理人在现场进行全过程监理,并在原始记录上签字。承包人应在14d内向监理人和中心试验室报送记录复印件。张拉作业均须采用智能化设备,压浆作业均须采用真空压浆。承包人在开展预应力混凝土工程孔道张拉压浆施工前,须进行压浆工艺试验、孔道摩阻试验和弹模试验等各项预应力施工相关的试验(承包人不具备相应资质时,须委托有相应资质的第三方进行,同时须经监理人、发包人的认可同意),经试验各项技术指标均符合设计要求及相关规定,同时承包人应立即提出试验总结报告,由监理人、发包人和设计人审查同意,并经监理人验收合格后方可正式大面积开工。

(5)预应力体系应符合国际预应力混凝土协会(FIP)《后张预应力体系的验收建议》(FIP 93)的要求。施工方法按照《公路桥涵施工技术规范》(JTG/T 3650—2020)、浙江省交通运输厅《关于进一步加强桥梁预应力施工质量管理的通知》及《浙江省公路桥梁预应力孔道压浆技术指南》的有关规定执行。预应力管道采用塑料波纹管的,应满足《预应力混凝土桥梁用塑料波纹管》(JT/T 529—2016)的要求；预应力管道采用金属波纹管的,应满足《预应力混凝土用金属波纹管》(JG/T 225—2020)的要求。锚下螺旋筋必须与锚具配套,采用智能张拉工艺。预应力筋张拉完成后,应在24h内进行孔道压浆工作,采用真空吸浆法技术,以及专用压浆料和专用压浆剂配置的浆液进行压浆;要求浆液无泌水,充盈度合格,确保压浆质量。管道应考虑设置检查孔,压浆后应通过检查孔检查压浆的密实情况,如有不实,应及时进行补压处理。

补充第4条:

4.混凝土构件预制还应满足浙江省交通运输厅《关于进一步加强公路水运工程混凝土构件预制管理的通知》和《关于进一步加强桥梁预应力施工质量管理的通知》等的要求。

411.03 材料

3.预应力钢筋管道

(2)金属螺旋管

b项修改为:

b.金属波纹管进入施工现场时,除应按出厂合格证和质量保证书核对类别、型号、规格及数量外,还按《预应力混凝土用金属波纹管》(JG 225—2020)的规定对其外观、尺寸、集中荷载下的径向刚度、荷载作用后的抗渗漏等进行检验。自制的管道也应进行上述检验。所有金属波纹管应按《公路桥涵施工技术规范》(JTG/T 3650—2020)第7.4节的规定取样、检验。其质量符合要求后,方可使用于工程中,严禁使用不合格产品。

(3)塑料波纹管

b项修改为:

b.用于塑料波纹管的高密度聚乙烯树脂(HDPE)应满足《聚乙烯(PE)树脂》(GB/T 11115—2009)的规定,聚丙烯(PP)应满足《冷热水用聚丙烯管道系统 第2部分:管材》(GB/T 18742.2—2017)的规定。

411.04 预应力钢材的搬运、存放和保护

3.保护

补充第(3)、(4)款:

(3)预应力筋在管道中安装完成后,管道端部开口应密封,以防止湿气进入,外露部分应设置保护套。采用蒸汽养护时,在养护完成之前不得安装预应力筋。

(4)任何情况下,当在安装有预应力筋的构件附近进行电焊时,应对全部预应力筋和金属件进行保护,防止溅上焊渣或造成其他损坏。

411.05 预应力钢材的加工和装置

补充第1、2条:

1.钢绞线应对号穿入波纹管内,同一孔道穿束应整束整穿或用穿索机将钢绞线逐根穿入。孔道内应畅通,无水和其他杂物。

2.钢绞线放束时,应采用混凝土硬化不小于1m宽的放束跑道,保证钢绞线不受机

械损伤和泥土污染,防止雨水浸泡。

411.06 预应力钢筋管道的安装和成形

第2条修改为:

2. 塑料波纹管的安装

(1)塑料波纹管在安装前应通过1kN径向力的作用且不变形,同时应做水密承压试验,以检查有无渗漏现象,确无变形、渗漏现象时方可使用。

(2)塑料波纹管的接长连接:塑料波纹管采用专用焊接机进行焊接或采用本身具有密封性能且带有观察管的塑料结构连接器连接,避免浇筑混凝土时水泥浆渗入管内造成管道堵塞。

(3)塑料波纹管管道和其接头应有足够的密封性,以防止水泥浆渗漏及抽真空时漏气;其强度应足以保持管道的形状,以防止在搬运和浇筑混凝土的过程中损坏;同时还应具有良好的柔韧性、耐磨性和绝缘性能。管道的材质不应与混凝土、预应力筋或水泥浆有不良的化学反应。

(4)塑料波纹管与锚垫板的连接:采用同一材料、同一规格连接头连接,连接后采用密封胶封口。

(5)塑料波纹管与排气管的连接:在塑料波纹管上热熔排气孔,然后采用同一材料弧形排气接头连接,采用密封胶缠绕。

(6)塑料波纹管在布管安装前,应按设计规定的管道坐标进行放样,设置定位钢筋,塑料波纹管应固定在定位钢筋上并用井字形钢筋电焊连接。定位网应焊接和定位牢固,确保管道在混凝土浇筑期间不产生位移。

(7)塑料波纹管的安装位置应准确,采用钢筋卡子以钢丝绑扎固定,避免管道在浇筑混凝土过程中产生位移。孔道应平顺,端部的预埋钢垫板应垂直于孔道中心线。

(8)所有管道的压浆孔、抽气孔应设在锚座上,排气孔应设在锚具的附件上。压浆管、排气管的最小内径为20mm。

(9)管道在模板内安装完成后,应将其端部盖好,防止水或其他杂物进入。

(10)塑料波纹管如有反复弯曲,在操作时应注意防止管壁破裂,同时应防止临近电焊火花烧灼管壁。如有微小破损应及时修补并得到监理人的认可。

(11)应在预应力管道中部每根波纹管最高处设置三通管,以利于排气,保证压浆质量,更有利于检测孔道压浆饱满度。

411.07 预应力混凝土的浇筑

1. 一般要求

补充第(3)款:

(3)对于后张预应力混凝土结构,浇筑混凝土时应特别注意避免振动器碰撞预应力筋的管道、预埋件等。

补充第 4 条：

4. 支架法浇筑预应力混凝土箱梁

（1）承包人应将准备采用的支架法施工方案、工艺流程以及主要施工设备的说明送请监理人批准。

（2）支架基础必须具有足够承载力，不得出现不均匀沉降，其基础类型应根据支架结构形式、地基承载力等条件确定。同时须做好地面的排水处理，设置排水沟。

（3）支架

a. 支架应采用钢制构件，支架构件应符合本规范第 402 节的规定。

b. 支架的弹性、非弹性变形及基础的允许下沉量应满足施工后梁体设计高程的要求。

c. 支架应采用整联预压消除非弹性变形，预压量为 1.1 倍梁重（预压宜采用钢制水箱）。承包人须制定相应的安全应急预案。

d. 支架安装完成后，应对其平面位置、顶部高程、节点连接及纵、横向稳定性进行全面检查，符合要求后方可进行模板安装。

（4）模板

a. 承包人开始制作模板之前，应按设计要求和本规范第 402 节的规定编制本工程拟采用模板以及模板安装的技术要求，并报请监理人批准。

b. 结构表面外露的模板挠度不应超过模板构件跨度的 1/400；结构表面隐蔽的模板挠度不应大于模板构件跨度的 1/250。钢模板的面板变形不应大于 1.5mm。

c. 模板的全长及跨度应考虑反拱度及预留压缩量。

d. 钢模板在设计制造时，应具有足够的强度、刚度及稳定性，确保梁体各部位结构尺寸正确及预埋件位置准确。

e. 附着式振动器应交错布置，安设牢固。振动力应先传向模板骨架，再由骨架传向面板。

f. 涂在模板上的脱模剂，不得使混凝土变色。

（5）支架法制梁的支座安装应符合本规范第 416 节的规定；支架法制梁的活动支座安装，除根据温度变化和混凝土收缩徐变调整上下座板的相对位置外，还应计入混凝土梁在预应力作用下的梁长压缩量。

（6）梁体宜采用泵送混凝土连续浇筑，并应在初凝时间内一次浇筑完成。

（7）拆装

a. 非承重侧模板一般应在混凝土抗压强度达到 2.5MPa 时方可拆除，拆模时应保证其表面及棱角不受损。

b. 除图纸另有规定者外，与梁顶悬臂板底模连成一体的侧模和箱梁顶板的底模，应在混凝土强度达到设计强度的 80% 时方可拆除。

c. 应在预应力张拉前拆除梁的端模、侧模和内模。拆模时，混凝土表层温度和环境温度之差不得大于 15℃。

(8)预应力张拉

a. 如为原位制梁的支架法施工,预应力张拉后的梁体重量应落在桥墩(台)的正式支座上;如为旁位或高位制梁的支架法施工,则支点处的支架必须具有足够的承载能力。

b. 预应力张拉前,承包人应向监理人提交详细说明、图纸、张拉应力和延伸量的静力计算、张拉设备的有关证件和校验证明,请求审核。除非另有书面允许,张拉工作应在监理人在场时进行。

c. 对预应力张拉设备的要求、张拉作业和张拉程序应符合本规范第411节的规定。

d. 预应力筋可分批张拉,终张拉时混凝土的强度和弹性模量均须达到设计值,混凝土的龄期也必须满足设计要求。

(9)支架卸载

a. 支架须待混凝土达到设计强度、预施应力完毕后方可卸载。卸载时应对称、均匀、有序进行,在纵向宜从跨中向支座依次循环卸落,在横向应同时卸落。

b. 支架卸载下落空出一定空间后,方可拆除底模板。拆除时均应采取措施防止混凝土受到损伤。底模和支架的拆除过程及拆除后的检查结果,应作出记录。

411.08 后张法预应力

1. 一般要求

第(1)款修改为:

(1)承包人在张拉开始前,应向监理人提交详细说明、图纸、张拉应力和延伸量的静力计算,以及千斤顶与压力表配套校验确定的张拉力与压力表之间的关系曲线,请求审核。

2. 施工要求

第(5)、(6)、(8)款修改为:

(5)预应力张拉应采用智能张拉工艺。张拉顺序应符合图纸规定,当图纸无规定时,一般应按先张拉长束、后张拉短束的原则,采取分批分阶段对称、同步、均衡张拉。

(6)预应力张拉应从两端同时进行,张拉至控制应力时可在一端先锚固,再在另一端补足预应力值进行锚固,除非监理人同意另外的方式。

(8)图纸所示的控制张拉力是指锚固前锚具内侧(即锚下)的拉力。在确定千斤顶相应的张拉力时,应考虑增加因锚圈口摩阻而损失的拉力。锚圈口摩阻损失值应根据采用的预应力系统参照《公路桥涵施工技术规范》(JTG/T 3650—2020)附录G由现场测验确定,除非监理人同意采用按厂家提供的锚圈口摩阻损失值;一般对钢绞线为千斤顶控制张拉力的3%,对钢丝为5%的千斤顶控制张拉力。

3. 张拉步骤

第(1)款修改为:

(1)除图纸有规定或监理人另有指示外,张拉程序等按《公路桥涵施工技术规范》(JTG/T 3650—2020)表7.8.5-1进行。

第(3)款"……如果大于上述允许值,应重新张拉,或更换锚具后重新张拉。"修改为"……如果大于上述允许值,应同时更换锚具与预应力筋束后重新张拉,除非监理人另有指示。"

第(6)款"……与计算延伸量……"修改为"……与计算延伸量(为两工作锚具间的伸长值)……"。

4.记录及报告

删除条款第一句中"如监理人要求"。

411.10 孔道压浆

本小节修改为:

1.一般要求

(1)承包人须采用真空辅助灌浆工艺进行孔道灌浆,真空辅助灌浆应满足《公路桥涵施工技术规范》(JTG/T 3650—2020)及《浙江省公路桥梁预应力孔道压浆技术指南》相关规定并从严控制。预应力孔道压浆应采用专用压浆料或专用压浆剂配制的浆液,所用原材料应符合《公路桥涵施工技术规范》(JTG/T 3650—2020)第7.9.2条的相关规定,压浆材料应进行进场检验。浆体材料应掺入真空灌浆添加剂和阻锈剂(根据抗氯离子渗透要求),掺量和使用方法需进行试配和适应性试验,检验方法参照《钢筋混凝土阻锈剂》(JT/T 537—2018)和《钢筋阻锈剂使用技术规程》(YB/T 9231—2009),均质性检验按《混凝土外加剂均质性试验方法》(GB/T 8077—2012)进行。外掺剂中不允许含有易引起钢绞线氢脆反应的有害成分。浆液性能指标须达到《公路桥涵施工技术规范》(JTG/T 3650—2020)第7.9.3条的相关规定。

(2)为使水泥浆达到所需的浆水特性,可在浆体中加入化学添加剂。添加剂应具有减水、缓凝、补偿收缩和增加浆体和易性等作用,但不得含有对预应力筋和水泥有损害的物质,尤其不得含有氯化物和硝酸钙等腐蚀性介质。此外,添加剂中所含的膨胀成分严禁含有铝粉。

(3)浆体混合料的配合比试验及浆体性能试验,应按《混凝土外加剂应用技术规范》(GB 50119—2013)和《公路桥涵施工技术规范》(JTG/T 3650—2020)附录K进行;真空灌浆添加剂的检测方法及性能应符合《混凝土外加剂》(GB 8076—2008)和《混凝土膨胀剂》(GB/T 23439—2017)的要求,并将试验成果报送监理人获得批准后方可使用。

(4)水泥浆的强度应符合图纸规定,图纸无具体规定时,其中28d抗压强度不低于50MPa,抗折强度不低于10MPa。

(5)水泥浆应由精确称量的强度等级不低于42.5级的低碱普通硅酸盐水泥和水组成。所用水泥龄期不超过一个月。

2.压浆设备

(1)搅拌机的转速应不低于1000r/min,搅拌叶的形状应与转速相匹配,其叶片的线速度不宜小于10m/s,最高线速度宜限制在20m/s以内,且应能满足在规定时间内搅拌均匀的要求。

(2)压浆机应采用活塞式可连续作业的压浆泵,不得采用风压式压浆泵进行压浆。

(3)真空泵应能达到0.10MPa的负压力。

(4)压力表在第一次使用前及此后监理人认为需要时应加以校准。所有设备在压浆操作中至少每3h用清洁水彻底清洗一次,每天使用结束时也应清洗一次。压力表的最小分度值应不大于0.1MPa,最大量程应使实际工作压力在其25%~75%的量程范围内。

3. 压浆

(1)张拉施工完成后,用清水冲洗,用高压风吹干,然后封锚、抽真空、压浆。搅拌机及储浆罐的体积必须大于所要压注的一条预应力孔道体积。

(2)压浆时,每一工作班应留取不少于3组尺寸为40mm×40mm×160mm的试件,标准养护28d,进行抗压强度和抗折强度试验,作为质量评定的依据。试验方法应按《水泥胶砂强度检验方法(ISO法)》(GB/T 17671—2021)的规定执行。

(3)真空吸浆的管道在24h内不得受到振动;压浆过程中及压浆后48h内,结构或构件混凝土的温度及环境温度不得低于5℃,否则应采取保温措施,并应按冬期施工的要求处理;浆液中可适量掺用引气剂,但不得掺用防冻剂。当环境温度高于35℃时,压浆宜在夜间进行,水泥浆温度不得超过32℃。

(4)管道压浆应尽可能在预应力钢筋张拉完成和监理人同意压浆后立即进行,一般不得超过3d,其应在48h内完成压浆,否则应采取避免预应力筋锈蚀的措施。必须有监理人在场,才允许进行管道压浆。压浆时,对曲线孔道和竖向孔道应从最低点的压浆孔压入,从抽真空端排出浆体,直到浆体流出的稠度达到注入的稠度。对结构或构件中以上下层设置的孔道,应按先下层后上层的顺序进行压浆。同一管道的压浆应连续进行,一次完成。

(5)水泥浆自调制至压入孔道的延续时间,不宜超过40min;水泥浆在使用前和压注过程中应保持流动状态,不得通过额外加水增加其流动度。

(6)采用真空辅助压浆工艺,当浆体从孔道抽真空端流出时,应在孔道两端进行排废作业,然后保持一个不小于0.5MPa的稳压期,稳压期保持时间为3~5min。应对压满浆的管道进行保护,使其在一天内不受振动。在压浆后两天,应检查注入端及出气孔的水泥浆密实情况,需要时应进行处理。

(7)管道采用真空吸浆法压浆,在施工前,应对真空吸浆工艺进行必要的试验,并制定管道压浆施工方案及详细说明报请监理人审查,经监理人批准后方可实施。

(8)真空吸浆工艺的技术条件应符合如下要求:

a. 预应力管道及管道两端必须密封。

b. 抽真空时管道内真空度(负压)控制在-0.06~-0.1MPa之间。

c. 对水平或曲线孔道，管道压浆的压力宜为0.5~0.7MPa；对超长孔道，最大压力不宜超过1.0MPa；对竖向孔道，压浆的压力宜为0.3~0.4MPa。

d. 浆体强度：符合图纸规定。

（9）承包人应按经监理人批准的压浆施工方案中的压浆顺序、方法以及安全操作事项进行施工。

（10）承包人应具有完备的压浆记录，包括压浆材料、配合比、每个管道的压浆日期、搅拌时间、出机初始流动度、浆液温度、环境温度、压浆压力、稳压压力及时间、试块强度、障碍事故细节及需要补做的工作。这些记录的抄件应在压浆后3d内送交监理人。

411.11 质量检验

4. 原材料质量

（2）钢绞线

补充c项：

c. 钢绞线的质量必须符合国家现行有关标准的规定，如国家有新标准出台，则应符合国家所颁发的最新版本的质量和技术标准的规定。其中应力松弛性能：1000h后应力松弛率不大于2.5%。

第(7)款修改为：

（7）锚具、夹具和连接器

a. 锚具、夹具和连接器进场时，应按出厂合格证和质量证明书核查其锚固性能类别、型号、规格及数量。

b. 按图纸要求采用预应力筋的锚具、夹具和连接器，应符合《公路桥梁预应力钢绞线用锚具、夹具和连接器》(JT/T 329—2010)的规定。同时应满足真空辅助压浆管道和与预应力孔道组成密闭系统的性能要求。

锚具应满足分级张拉、补张拉以及放松预应力的要求。锚具或其附件上设置压浆孔或排气孔，压浆孔应有足够的截面面积，以保证浆液的畅通。

夹具应具有良好的自锚性能、松锚性能和重复使用性能。对于需敲击才能松开的夹具，必须保证其对预应力筋的锚固没有影响，且对操作人员的安全不造成危险。连接器必须符合锚具的性能要求。

c. 预应力筋锚具、夹具和连接器验收批的划分：在同一种材料和同一生产工艺条件下，锚具应以不超过1000套组为一个验收批；夹具、连接器以不超过500套组为一验收批。

d. 锚具、夹具和连接器进场检验及验收应按《公路桥涵施工技术规范》(JTG/T 3650—2020)相关规定执行。

补充第(8)款：

（8）预应力钢筋管道

a. 波纹管进场时，生产厂家应提供试验报告、质量保证书和合格证。承包人除应按出厂合格证和质量保证书核对其类别、型号、规格及数量外,还应对其外观形状、主要尺寸及密封性进行检测。

b.管道应按批进行检验。金属波纹管每批应由同一钢带生产厂生产的同一批钢带所制造的产品组成,累计半年或50000m生产量为一批,不足半年产量或50000m也作为一批,则取产量最多的规格;塑料波纹管每批应由同一配方、同一生产工艺、同设备稳定连续生产的产品组成,每批数量应不超过10000m。

c.当a项规定的项目检验结果有不合格项目时,应取双倍数量的试件对该不合格项目进行复验,复验仍不合格时,则该批产品为不合格。

补充第5条:

5.支架法浇筑预应力混凝土箱梁

(1)就地浇筑梁、板应符合下列基本要求:

a.支架和模板的强度、刚度、稳定性应符合施工技术规范的规定。

b.预计的支架变形及支承的下沉量应满足施工后梁体设计高程的要求,需要消除支承不均匀沉降,非弹性变形的支架应进行预压。

c.预埋件的设置和固定应满足设计要求并符合施工技术规范的规定。

(2)就地浇筑梁、板实测项目应符合《公路工程质量检验评定标准 第一册 土建工程》(JTG F80/1—2017)表8.7.1的规定。

(3)就地浇筑梁、板外观质量应符合下列规定:

a.混凝土表面不应存在《公路工程质量检验评定标准 第一册 土建工程》(JTG F80/1—2017)附录P所列限制缺陷。

b.应无建筑垃圾、杂物和临时预埋件。

第412节 预制构件的安装

412.02 一般要求

第2条修改为:

2.预制构件的起吊、运输、装卸和安装时的混凝土强度应符合图纸规定,一般不低于预制构件混凝土设计强度的80%。对于预应力混凝土梁,应通过采用与梁相同的混凝土制成的且与梁同一条件下养护的混凝土立方体试件,验证梁的抗压强度是否达到图纸规定的抗压强度,且至少达到14d龄期后才能装运。预应力混凝土预制构件孔道内的水泥浆强度,应符合图纸规定。

第9条原内容后补充:

对于预制梁板的起吊,应防止开始起吊速度过快,用力过猛,造成板底真空吸力超载而引起板底裂缝。

补充第 12 条：

12. 梁板湿接缝钢筋横向连接全部采用焊接，焊接长度不小于规范要求。

第 412.04 小节修改为：

412.04 先简支后连续(结构)预应力混凝土(矮)T 梁安装

1. 承包人应充分认清先简支后连续结构的特点，即：

(1) 结构由预制 T 梁与现浇段共同组成，先预制安装，后现浇连续。

(2) 结构在施工中，存在由双排临时支座(简支)变成单排或双排永久支座(连续)的体系转换过程。

(3) 在体系转换后，结构在恒载与活载作用下，受力特征为连续梁。

2. 承包人在认清结构特点的基础上，应仔细阅读先简支后连续结构的设计图纸，制定确保结构连续的施工工艺，报监理人批准后认真实施。

3. 除了本条规定的要求外，未涉及部分仍按本规范有关的施工要求进行。

4. 预制 T 梁时应注意以下要点：

(1) 预制场地应具有一定长度(80~100m)，台座底板纵、横向应定位正确，互相对齐，高程一致，以确保相邻段端部的各种尺寸相吻合。

(2) 斜桥梁板端部应按设计要求在平面上做成台阶状，并与张拉轴线垂直，以免张拉连续段预应力时结合面发生错动。

(3) 非连续端的梁端封锚混凝土可先浇筑，连续端封锚混凝土应与墩顶现浇段一起浇筑。

(4) 梁端模宜采用钢模，以确保连续端纵向连接钢筋定位精确，便于连接处纵向连接筋对齐焊接。

(5) 预制梁板出坑前，应用墨线标出梁中线及临时支座定位线，以利于安装就位。

5. 安装时应注意以下要点：

(1) 临时支座应有足够的强度、刚度，装拆方便，落梁均匀。应采用硫黄砂浆制成(硫黄砂浆内埋入电热丝)或其他可靠的施工方法。

(2) 中墩处应正确标出临时支座和永久支座的位置，支座定位正确，并按图纸要求及本规范第 416 节的有关规定安装支座。

(3) 严格按标线控制落梁位置，左右偏差不超过 2mm。

(4) 承包人在梁板安装前，应制定切实可行的梁板安装施工方案，报监理人批准后认真实施。承包人在架设弯道、小半径等复杂路段的梁板时，应充分考虑架桥设备的适用性，必要时应对架桥设备进行改造功能提升，以确保梁板安装的安全、质量，承包人所采取的措施以及因此增加的费用视作已包括在投标价之中，发包人不另行支付。

6. 墩顶现浇段

(1) 永久支座与底模间的缝隙应密合，并采取措施严防漏浆。

(2)现浇段预应力束道应与预制梁板的对应束道顺接,并确保连接可靠,不漏浆。

(3)两梁端部伸出的预留纵向钢筋,应按设计和规范要求彼此焊接或采用套筒压接。

(4)对连续孔数大于3孔的桥梁应先浇筑中间墩顶混凝土,而后对称浇筑两侧墩顶混凝土。

(5)现浇段处纵向连接钢筋的焊接宜左右、上下对称进行,以免焊接温度引起梁板端部变位。

(6)现浇段混凝土石子粒径不大于20mm,混凝土强度宜比预制梁板高5MPa,混凝土应按设计和规范规定掺加高效减水剂和补偿收缩剂。

7. 连续预应力束张拉

墩顶现浇段的混凝土强度达到设计要求后,经监理人同意,张拉墩顶负弯矩区预应力束,张拉应对称分级进行。

8. 体系转换

(1)张拉结束并压浆后,待浆液强度大于40MPa时,方可解除临时支座。

(2)采用电热法解除每根梁下部临时支座,完成体系转换。操作时,应做到逐孔对称、均匀、同步、平稳;体系转换后,永久支座与墩顶密贴,并符合设计要求。

9. 先简支后连续的工艺流程

安装墩顶临时支座→安装墩顶永久支座及底模→安装梁板→安装墩顶连续预应力束塑料波纹管→按设计要求连接纵向钢筋和绑扎构造钢筋→立侧模→浇筑现浇段混凝土(掺加高效减水剂和补偿收缩剂)→养护至混凝土达到100%的设计强度→张拉墩顶预应力连续束→压浆→解除临时支座→进行梁板的横向连接→铺设桥面钢筋网(钢筋网纵向钢筋应连续通过现浇段)→浇筑桥面混凝土→铺筑沥青混凝土。

第415节 桥面铺装

415.03 施工要求

1. 一般要求

第(6)款修改为:

(6)桥面铺装应在两道伸缩缝间全宽全长上同时进行,同一连续段桥面尽可能不设纵向和横向施工缝;铺装钢筋的高度应严格按设计要求定位,特别是设置高程控制模板和振捣梁导轨时,不得将钢筋下压。具体施工方案和控制方法应切实可行,并得到监理人的批准。

补充第(7)款:

(7)采用抛丸或铣刨等方式对水泥混凝土铺装进行处理,清除浮浆,提供一个干燥洁净的表面。防水黏结层采用改性乳化沥青,用量为 $0.3 \sim 0.5 kg/m^2$(沥青净含量),采用智能型沥青洒布车进行洒布。

第416节 桥梁支座

416.02 一般要求

第1条修改为：

1. 桥梁支座应符合《公路桥梁板式橡胶支座》（JT/T 4—2019）、《公路桥梁盆式支座》（JT/T 391—2019）、《桥梁球型支座》（GB/T 17955—2009）的要求及图纸的有关规定。

补充第4条：

4. 所有支座安装时，应按图纸所示对号入座；安装前应检查各支座的属性（固定滑动以及滑动的方向、型号等）是否与所在的墩台位置相符；成桥后应将支座所处墩台顶面及四周的混凝土等杂物清理干净，拆除安装时所用的临时螺栓，并检查各支座的功能是否与图纸要求相符，检查结果应报监理人认可。

第419节 圆管涵及倒虹吸管涵

419.03 一般要求

第8条修改为：

8. 所有砂浆砌体均应按《公路桥涵施工技术规范》（JTG/T 3650—2020）第24章的有关规定进行勾缝及养护。所有混凝土的养护和表面缺陷修整弥补，应按照本规范第410节的有关规定执行。

补充第422节：

第422节 桥头跳车的防治

422.01 基本要求

1. 桥头（含通道、涵洞）跳车是桥、路衔接处在运营过程中存在的通病。主要是引道软基处理不当、台背路基压实不足、桥头搭板设置不当及伸缩缝施工不符合要求等原因，导致桥、路产生错台或差异沉降而跳车。承包人对此必须予以高度重视。

2. 承包人应按照设计和规范要求，详细制定有关预防桥头跳车的各项施工作业计划，落实专人专管责任，合理安排施工工序，制定施工操作工艺，明确质量检查制度，并报监理人批准。

3. 做好施工现场的排水固结法工作。两侧边沟断面尺寸应符合设计要求，排水畅通，桥台处路堤下部设置的排水盲沟系统完整到位，材料不受污染。

422.02　施工要点

1. 引道软基处理

（1）认真清理引道原地面并做好排水工作。

（2）软基处理应根据设计要求,严格按本规范第 205.03 小节规定办理。

（3）对用排水处理的引道软基,必须确保引道路堤的预压期,以充分发挥软基处理的效果,减少工后沉降。

2. 台背路基填筑

（1）台背填土应根据设计要求,严格按本规范第 204.04-9 条结构物的回填相关规定执行。

（2）确保台背填料粒径不超过图纸和规范规定,并具有一定级配,填筑材料应经监理人批准。

（3）确保台背填筑压实度达到设计和规范要求,台背填筑压实度应比一般路堤提高 1%~2%。承包人应配备足够的大型碾压机具和用于角落碾压的小型压实设备。应严格按设计和规范要求分层填筑,每填一层,碾压一层,检测一层,压实度经监理人检测合格后方可继续填筑上一层。

（4）在填筑过程中,要严格控制填筑速率,防止路堤失稳。特别是纵向临河面更应倍加注意并进行路堤向河心的位移检测和紧靠桥台第一个桥墩的位移检测,以便及时采取措施。

（5）为确保填筑质量和预压期,桥台基桩施工尽可能避免二次开挖,承包人应根据设计要求,结合工地实际,提出具体的施工设计报经监理人批准。

（6）若必须进行两次开挖,则应做好两次开挖和回填工作。开挖断面尺寸应按设计要求开挖并放样,开挖材料不宜堆放在开挖场地周边,应适当远离。靠路堤端按设计图纸以台阶形式向下开挖。开挖分两次,第一次开挖至砂砾层顶面以上一层填土顶面（以保护砂砾层）,待桥台桩柱施工后,清除桥桩施工的一些杂土杂物,然后再进行第二次开挖,挖去靠桥台侧砂砾层顶面原填土,设置盲沟排水系统,再按设计要求的材料和路堤结构进行回填。回填材料的粒径和分层填筑厚度应严格按设计要求控制。回填区应采用大型碾压机具碾压,对于紧靠台背处和与原路堤拼接部位,应配合使用小型机具或人工辅助夯实。

（7）台背路基填土采用土工合成材料加筋时,应根据图纸要求按照本技术规范第 205.03-3(12)款的规定办理。

（8）台背路基应按图纸和设计要求,做好台背排水。

（9）桥头锥坡填筑应在引道地基沉降基本稳定或预压结束后进行,以避免由于沉降而使锥坡裂缝变形。

3. 桥头搭板设置

（1）搭板应在路基填筑预压期完成并基本稳定,经监理人批准后方可施工。

（2）搭板基面应平整，垫层应密实，垫层可采用与路面基层相同的半刚性材料填筑和压实。搭板顶面高程可与路面基层顶面高程持平，以确保搭板顶面的沥青混凝土路面厚度。

（3）搭板施工（钢筋和混凝土）应严格按设计图纸和本规范第403节及第410节的规定办理。

（4）为防止工后沉降导致搭板底面脱空而断裂或沉陷，承包人应按图纸要求和监理人指示，在每幅搭板两侧预留一定数量的压浆孔，以便于日后压浆填实搭板基底。

4. 伸缩缝施工

（1）桥台伸缩缝施工，应严格按设计图纸和本规范第417节的规定办理。

（2）桥台台帽上伸缩缝预埋锚固筋要定位正确、锚固牢靠，防止错位、漏筋。

（3）桥台台帽椅子背顶高程不得高出设计高程。伸缩缝混凝土应采用钢纤维混凝土，并应注意密实平整，与桥头路堤沥青混凝土顶面高程持平，结合严密、无缝隙。

第500章 隧　　道

第501节 通　　则

501.03 一般规定

第4条修改为：

4. 施工过程中，当围岩地质条件发生变化时，应报请监理人和设计人审定。若施工技术需做相应变更，应报监理人和设计人批准。对于Ⅰ~Ⅵ级围岩级别的划分，应符合《公路隧道设计规范》(JTG 3370.1—2018)的规定。监理人和设计人对围岩变化认可后，承包人应根据实际情况调整施工组织，以保证工程进度与质量。

补充第8条：

8. 其他要求

隧道施工应符合《公路工程小型预制构件施工技术规范》(DB33/T 2386—2021)、《公路山岭隧道机械化施工技术指南》(ZJ/ZN 2020-06)的要求。

第502节 洞口与明洞工程

502.02 一般规定

补充第8、9条：

8. 施工便道的引入和施工场地的平整应尽量减少对原地貌的破坏和对洞口岩体稳定的影响。

9. 对隧道地形地质条件复杂，多座隧道洞口地形、地质偏压较严重的，为确保进洞安全，隧道开挖前，二次衬砌台车必须同步到位。

第503节 洞身开挖

503.02 一般规定

补充第7条：

7. 本工程隧道洞身开挖施工应采用机械化作业。

503.04 装渣运输

3. 弃渣装运

补充第(4)款：

(4) 本工程的弃渣装运和堆放应做到不污染环境、不影响水利、不干扰地方交通及不干扰当地居民正常生活等；否则，引起的一切后果均由承包人自理。

第600章 安全设施及预埋管线

第601节 通 则

601.02 一般要求

2.道路交通标志

第(1)、(2)款修改为：

(1)道路交通标志应按《道路交通标志和标线 第2部分:道路交通标志》(GB 5768.2—2022)和《道路交通标志板及支撑件》(GB/T 23827—2021)的规定执行。

(2)道路交通标志的反光方法及反光膜级别,应符合图纸规定,如无规定时,应根据不同道路等级和标志类型,按《道路交通标志和标线 第2部分:道路交通标志》(GB 5768.2—2022)及《道路交通标志板及支撑件》(GB/T 23827—2021)的规定执行。

第3条修改为：

3.道路交通标线

道路交通标线包括各种路面标线、箭头、文字、立面标记、突出路标和轮廓标等,应按图纸及《道路交通标志和标线 第3部分:道路交通标线》(GB 5768.3—2009)的规定设置。

补充第5~9条：

5.本章未包括的其他安全设施工程项目,可根据设计文件和其他相关规范由监理人另行制定验收评定标准。

6.交通工程设施产品必须经监理人检验合格后方可使用。

7.外购产品必须满足规范要求,具有产品合格证,并经承包人检验、监理人确认,满足设计要求后方可使用。

8.安全设施采用钢质材料时,必须按图纸要求及相关规范规定进行防腐处理。

9.构件用螺栓组合时,螺栓、垫圈的用量应满足设计要求,具有防盗结构并须拧紧。

第602节 护 栏

602.02 材料

3.波形梁钢护栏产品质量要求

第(9)款原内容后补充：

螺栓、螺母等紧固件和连接件在防腐处理后,必须清理螺纹或进行离心分离处理。

补充第9条：

9.活动护栏应选用防撞等级达到Am级,同时要求整体打开时间不宜大于30min且施工时不应在中分带路面取芯、钻孔、开挖等对路面造成损坏的产品；采购前应向监理人、设计人、发包人提供厂家检测资料、实车碰撞报告后方可办理。

本章未包括的其他安全设施工程项目，可根据设计文件和其他相关规范由监理人另行制定验收评定标准。

第700章 绿化及环境保护设施

第701节 通 则

701.02 一般规定

1. 绿化工程

补充第(8)款：

(8)如果承包人预防措施不力，并已对路面结构和邻近区域的环境卫生造成了污染，给当地农民造成损失，或由于扬尘、排污、噪声、材料漏失等对周围居民和环境造成了损失，则由此而引发的一切损失及后果，应由承包人负责。

第702节 铺 设 表 土

702.03 施工要求

3. 铺设

表702-1修改为：

表702-1 植物生长的最小土层厚度

植物种类	植物生长的最小土层厚度(m)	植物种类	植物生长的最小土层厚度(m)
草本花卉、草本植被	0.40	浅根乔木	0.90
小灌木	0.45	深根乔木	1.50
大灌木	0.60		

第703节 撒播草种和铺植草皮

703.02 材料

2. 草皮

第(3)款修改为：

(3)播种用的草籽、草花、地被植物种子应注明品种、品系、产地、生产单位、采收年份、纯净度及发芽率，不得有病虫害。自外地引进种子应有检疫合格证。发芽率达95%以上的方可使用。

703.03 施工要求

1. 撒播草种

(2)播种方法及用量

第七章 技术规范

g项修改为：

g.将采用的草籽和混合肥料拌和,均匀地撒播到已准备好的表土区内。也可在播种前48h内施肥,使肥料深入到表土层内,化肥的施肥量每1000m²不少于70kg。

第704节 种植乔木、灌木和攀缘植物

704.02 材料

2.植物品种

补充第(5)款：

(5)各种苗木的冠幅、径粗应严格按设计规定的规格,并应达到表704-6所描述的外观要求。

表704-6 苗木外观要求

乔木类	树干	树冠	根系	病虫害
	主干挺直	枝叶茂密、层次清晰、冠形丰满	土球符合要求	无
灌木类	自然式		整形式	
	植株姿态自然优美,生长均匀,无病虫害,枝叶茂盛,根系发达		冠形规则、饱满、根系发达,土球符合要求	
地被	苗龄1~2年生、色泽嫩绿、鲜艳,每丛不少于5支(书带草、葱兰类)			

第八章 工程量清单计量规则

第八章 工程量清单计量规则

按照浙江省地方标准《交通建设工程工程量清单计价规范 第1部分:公路工程》(DB 33/T 628.1—2021)编制。

第 四 卷

第九章 投标文件格式[①]

[①] 招标人可结合招标项目具体特点和实际需要,对本章内容进行补充、细化。

浙 江 省

_____（项目名称）_____标段施工招标

投 标 文 件

第一个信封（商务及技术文件）

投标人：_____（盖单位电子公章）

____年___月___日

目　　录

一、投标函及投标函附录

二、授权委托书或法定代表人身份证明

三、联合体协议书(如有)

四、投标保证金

五、施工组织设计

六、项目管理机构

七、拟分包项目情况表

八、资格审查资料

九、承诺函

十、其他材料

第九章 投标文件格式

一、投标函及投标函附录

（一）投标函

_____（招标人名称）：

1. 我方已仔细研究了_____（项目名称）____标段施工招标文件的全部内容（含补遗书第_____号至第_____号），愿意以第二个信封（报价文件）中的投标总报价（或根据招标文件规定修正核实后确定的另一金额），按合同约定实施和完成承包工程，修补工程中的任何缺陷。

2. 我方承诺在招标文件规定的投标有效期内不撤销投标文件。

3. 工程质量达到标段工程交工验收的质量评定：_____；标段工程竣工验收的质量评定：_____。安全目标：_____；工期：____日历天；拟委任项目经理：_____；项目技术负责人：_____；安全负责人：_____。

4. 如我方中标,我方承诺：
（1）在收到中标通知书后,在中标通知书规定的期限内与你方签订合同；
（2）在签订合同时不向你方提出条件；
（3）按照招标文件要求向你方递交履约保证金；
（4）在合同约定的期限内完成合同规定的全部义务。

5. 我方在此声明,所递交的投标文件及有关资料内容完整、真实和准确,且不存在招标文件第二章"投标人须知"第1.4.3项和第1.4.4项规定的任何一种情形。

6. 在合同协议书正式签署生效之前,本投标函连同你方的中标通知书将构成我们双方之间共同遵守的文件,对双方具有约束力。

7._____（其他补充说明）。

      投 标 人：_____（盖单位电子公章）
      法定代表人：_____（盖法定代表人电子章）
      地 址：_____
      网 址：_____
      电 话：_____
      传 真：_____
      邮政编码：_____

          _____年___月____日

(二)投标函附录

序号	条款名称	合同条款号	约定内容	备注
1	缺陷责任期	1.1.4.5	自实际交工日期起计算_____年	
2	逾期交工违约金	11.5(3)	_____元/天	
3	逾期交工违约金限额	11.5(3)	_____%签约合同价	
4	提前交工的奖金	11.6	_____元/天	
5	提前交工的奖金限额	11.6	_____%签约合同价	
6	价格调整的差额计算	16.1	□采用价格指数调整价格差额：见价格指数和权重表 □采用造价信息调整价格差额	
7	开工预付款金额	17.2.1(1)	_____%签约合同价	
8	材料、设备预付款比例	17.2.1(2)	_____等主要材料、设备单据所列费用的____%	
9	进度付款证书最低限额	17.3.3(1)	_____%签约合同价或____万元	
10	逾期付款违约金的利率	17.3.3(2)	_____‰/天	
11	质量保证金金额	17.4.1	1.5%合同价格	
12	保修期	19.7(1)	自实际交工日期起计算_____年	

投标人：_____（盖单位电子公章）

法定代表人：_____（盖法定代表人电子章）

二、授权委托书或法定代表人身份证明

（一）授权委托书[①]

本人_____（姓名）系_____（投标人名称）的法定代表人,现委托_____（姓名）为我方代理人。代理人根据授权,以我方名义签署、澄清确认、递交、撤回、修改_____（项目名称）_____标段施工投标文件、签订合同和处理有关事宜,其法律后果由我方承担。

委托期限:自本委托书签署之日起至投标有效期期满。

代理人无转委托权。

附:法定代表人身份证扫描件及委托代理人身份证扫描件(正反双面)。

投标人:_____（盖单位电子公章）
法定代表人:_____（盖法定代表人电子章）
身份证号码:_____

_____年___月___日

```
┌─────────────────────────────────────┐
│                                     │
│                                     │
│   法定代表人身份证扫描件及委托代理人身份证扫描件   │
│                                     │
│                                     │
└─────────────────────────────────────┘
```

注:以联合体形式投标的,本授权委托书应由联合体牵头人的法定代表人按上述规定签署。

[①] 如果由投标人的法定代表人签署投标文件,则不需提交授权委托书。

（二）法定代表人身份证明

投标人名称：_____

姓名：_____ 性别：_____ 年龄：_____ 职务：_____ 系_____（投标人名称）的法定代表人。

特此证明。

附：法定代表人身份证扫描件（正反双面）。

投标人：_____（盖单位电子公章）
法定代表人：_____（盖法定代表人电子章）

_____年___月___日

```
┌─────────────────────────────────┐
│                                 │
│                                 │
│      法定代表人身份证扫描件         │
│                                 │
│                                 │
└─────────────────────────────────┘
```

三、联合体协议书

（如有）

_____（所有成员单位名称）自愿组成_____（联合体名称），共同参加_____（项目名称）_____标段施工投标。现就联合体投标事宜订立如下协议。

1. _____（某成员单位名称）为_____（联合体名称）牵头人。

2. 联合体各成员授权牵头人代表联合体参加投标活动，签署文件，提交和接收相关的资料、信息及指示，进行合同谈判活动，负责合同实施阶段的组织和协调工作，以及处理与本招标项目有关的一切事宜。

3. 联合体牵头人在本项目中签署的一切文件和处理的一切事宜，联合体各成员均予以承认。联合体各成员将严格按照招标文件、投标文件和合同的要求全面履行义务，并向招标人承担连带责任。

4. 联合体各成员单位内部的职责分工如下：_____（牵头人名称）承担_____专业工程，占总工程量的_____%；_____（成员一名称）承担_____专业工程，占总工程量的_____%；……。

5. 投标工作和联合体在中标后工程实施过程中的有关费用按各自承担的工作量分摊。

6. 本协议书自所有成员单位签署之日起生效，合同履行完毕后自动失效。

7. 本协议书一式_____份，联合体成员和招标人各执一份。

牵头人名称：_____（盖单位电子公章）
法定代表人：_____（盖法定代表人电子章）
成员一名称：_____（盖单位电子公章）
法定代表人：_____（盖法定代表人电子章）
成员二名称：_____（盖单位电子公章）
法定代表人：_____（盖法定代表人电子章）
……

_____年____月____日

注：联合体协议书允许以纸质签署盖章扫描上传，联合体成员单位电子章可以单位公章代替，法定代表人电子章可以法定代表人签字或法定代表人印章代替。

四、投标保证金

若采用电汇,投标人应在此提供电汇回单的扫描件。
若采用银行保函,银行保函原件在投标截止期前单独递交,格式如下。

_____(招标人名称):

  鉴于_____(投标人名称,以下称"投标人")于_____年___月___日参加_____(项目名称)_____标段施工的投标,_____(担保人名称,以下简称"我方")无条件地、不可撤销地保证:投标人在规定的投标文件有效期内撤销或修改其投标文件,中标后无正当理由不与招标人订立合同,在签订合同时向招标人提出附加条件,不按招标文件要求提交履约保证金,或发生招标文件明确规定可以不予退还投标保证金的其他情形,我方承担保证责任。收到你方书面通知后,在7日内无条件向你方无条件支付人民币(大写)_____元(¥_____)。

  本保函在投标有效期或经延长的投标有效期期内保持有效。要求我方承担保证责任的通知应在上述期限内送达我方。你方延长投标文件有效期的决定,应通知我方。

担保人名称:_____(盖单位章)
法定代表人或其委托代理人:_____(签字)
地 址:_____
邮政编码:_____
电 话:_____
传 真:_____

_____年___月___日

五、施工组织设计

（适用于经评审的最低投标价法）

投标人应按以下要点编制施工组织设计（文字宜精练、内容具有针对性）：

1. 总体施工组织布置及规划
2. 重点、关键和难点工程的施工方案
3. 工期关键线路图及保证措施
4. 关键工程质量保证措施
5. 安全保证措施
6. 环境保护、水土保持、文明施工、文物保护保证措施
7. 项目风险预测与防范，事故应急预案
8. 其他应说明的事项

五、施工组织设计[①]

[适用于技术通过制的综合评估法(合理低价法)和技术打分制的综合评估法(综合评分法)]

1. 投标人应按以下要点编制施工组织设计(文字宜精练、内容具有针对性):
（1）总体施工组织布置及规划
（2）主要工程项目的施工方案、方法与技术措施(尤其对重点、关键和难点工程的施工方案、方法及其措施)
（3）工期保证体系及保证措施
（4）工程质量管理体系及保证措施
（5）安全生产管理体系及保证措施
（6）环境保护、水土保持保证体系及保证措施
（7）文明施工、文物保护保证体系及保证措施
（8）项目风险预测与防范,事故应急预案
（9）其他应说明的事项

2. 施工组织设计除采用文字表述外可附下列图表,图表及格式要求附后。

附表一　施工总体计划表
附表二　分项工程进度率计划(斜率图)
附表三　工程管理曲线
附表四　分项工程生产率和施工周期表
附表五　施工总平面图
附表六　劳动力计划表
附表七　临时占地计划表
附表八　外供电力需求计划表

[①] 施工组织设计的编制要点和所附图表应根据工程特点制定。

附表一　施工总体计划表

年　度 月　份 主要工程项目	____年												____年												____年				
	1	2	3	4	5	6	7	8	9	10	11	12	1	2	3	4	5	6	7	8	9	10	11	12	1	2	3	4	…
1. 施工准备																													
2. 路基处理																													
3. 路基填筑																													
4. 涵洞																													
5. 通道																													
6. 防护及排水																													
7. 路面基层																													
（1）底基层																													
（2）基层																													
8. 路面铺筑																													
9. 路面标志标线																													
10. 桥梁工程																													
（1）基础工程																													
（2）墩台工程																													
（3）梁体工程																													
（4）梁体安装																													
（5）桥面铺装及人行道																													
11. 隧道																													
12. 其他																													

附表二 分项工程进度率计划(斜率图)

年度								年											年						
季度	一			二			三			四			一			二			三			四	
月份	1	2	3	4	5	6	7	8	9	10	11	12	1	2	3	4	5	6	7	8	9	10	…

图例:
- ──── 施工准备
- ━━━━ 路基填筑
- ▦▦▦▦ 路面基层
- ══════ 路面面层
- ∿∿∿∿ 防护及排水
- ━ ━ ━ 涵洞及通道
- ▬▬▬▬ 桥梁下部工程
- ▬▬▬▬ 桥梁上部工程
- ─ ─ ─ 隧道

纵轴:100(%)、90、80、70、60、50、40、30、20、10

注:1. 应按各标段实际工程内容填写。
2. 各个项目的进程可用线条长短来表示。

216

附表三 工程管理曲线

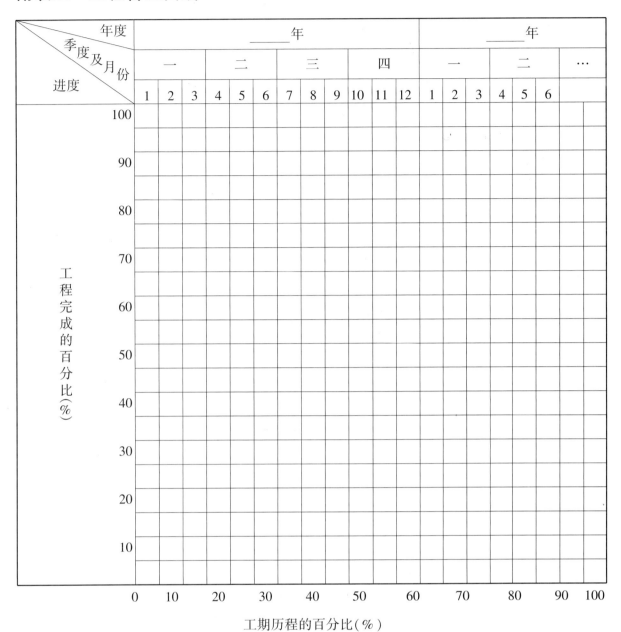

附表四　分项工程生产率和施工周期表

序号	工程项目	单位	数量	平均每生产单位规模（___人，___台）各种机械	平均每单位生产率（数量，每周）	每生产单位平均施工时间（周）	生产单位总数（个）
1	特殊路基处理	km					
2	路基填筑	万 m³					
3	路面基层	万 m²					
4	路面面层	万 m²					
5	路基防护及排水	km					
6	涵洞	道					
7	通道	道					
8	桥梁基桩	根					
9	桥梁墩台	座					
10	梁体预制安装	片					

注：互通立交、分离立交的匝道、匝道涵洞、通道、桥梁分别归入表中相关的项目内。

附表五　施工总平面图

投标人应递交一份施工总平面图,绘出现场临时设施布置图表并附文字说明,说明施工营地、料场、临时设施、加工车间、现场办公、设备及仓储、供电、供水、卫生、生活、道路、消防等设施的情况和布置。

附表六　劳动力计划表

单位:人

工种	按工程施工阶段投入劳动力情况						

附表七 临时占地计划表

用　途	面积（m²）					需用时间 ＿＿年＿＿月至 ＿＿年＿＿月	用地位置	
	菜地	水田	旱地	果园	荒地		桩号	左侧（m）	右侧（m）
一、临时工程									
1.便道									
2.便桥									
……									
二、生产及生活临时设施									
1.临时住房									
2.办公等公用房屋									
3.料库									
4.预制厂									
……									
租用面积合计									

附表八 外供电力需求计划表

用电位置		计划用电数量 (kW·h)	用 途	需用时间 ___年___月至 ___年___月	备 注
桩号	左或右 (m)				

六、项目管理机构

拟为承包本标段工程设立的组织机构,以框图方式表示

说明

七、拟分包项目情况表

拟分包的工程项目	主要工程内容	预计造价(万元)	备注
拟分包工程造价合计(万元)			

注：1. 若无分包计划，则投标人应在本表填写"无"。

2. 允许承包人在中标后补充提交分包计划。

第九章 投标文件格式

八、资格审查资料

（一）投标人基本情况表

投标人名称					
注册地址				邮政编码	
联系方式	联系人			电　话	
	传　真			电子邮件	
法定代表人	姓　名		技术职称		电　话	
技术负责人	姓　名		技术职称		电　话	
营业执照号			员工总人数：		
企业资质等级		其中	项目经理		
注册资本			高级职称人员		
成立日期			中级职称人员		
基本账户开户银行			初级职称人员		
基本账户银行账号			技工		
经营范围					
投标人关联企业情况	投标人应提供关联企业情况，包括： （1）投标人的所有股东名称及相应股权（出资额）比例；如投标人为上市公司，投标人应提供股权占公司股份总数10％以上的所有股东名称及相应股权比例； （2）投标人投资（控股）或管理的下属企业名称、持有股权（出资额）比例； （3）与投标人单位负责人（即法定代表人）为同一人的其他单位名称				
备　注					

注：1. 投标人应根据招标文件第二章"投标人须知"第3.5.1项的要求在本表后附相关证明材料。

2. 以联合体形式参与投标的，联合体各成员应分别填写。

（二）投标人企业组织机构框图

以框图方式表示
说明

（三）近年财务状况表

财务状况表

项目或指标	单位	___年	___年	___年
一、注册资本	万元			
二、净资产	万元			
三、总资产	万元			
四、固定资产	万元			
五、流动资产	万元			
六、流动负债	万元			
七、负债合计	万元			
八、营业收入	万元			
九、净利润	万元			
十、现金流量净额	万元			
十一、主要财务指标				
1.净资产收益率	%			
2.总资产报酬率	%			
3.主营业务利润率	%			
4.资产负债率	%			
5.流动比率	%			
6.速动比率	%			

注：1. 投标人应根据招标文件第二章"投标人须知"第 3.5.2 项的要求在本表后附相关证明材料。

2. 本表所列数据必须与本表各附件中的数据一致。

3. 以联合体形式参加投标的，联合体各成员应分别填写。

银行信贷证明[①]

银行名称：_____
地　　址：_____

　　　　　　　　　　　　　　　　　　　　　　日期：_____

致：___（招标人全称）___

　　兹开具最高限额为人民币____万元的银行信贷，供_____（投标人注册地点）_____（投标人名称）于___年___月___日之前，在_____（项目名称）需要时使用。我行保证由_____（投标人名称）提供的财务报表中所开列的作为流动资产的各项中无一项包含在上述提到的银行信贷中。

　　此项目若未中标，该信贷证明自动失效，无须退回我行。

　　　　　　　　　　　　　　银　　　行(盖章)：_____
　　　　　　　　　　　　　　银行主要负责人(签字)：_____
　　　　　　　　　　　　　　银行主要负责人姓名、职务：___（打印）___
　　　　　　　　　　　　　　银行电话：_____
　　　　　　　　　　　　　　银行传真：_____

注：
1. 允许投标人实际开具的银行信贷证明的格式与本表格式有所不同，但不得更改本信贷证明格式中的实质性内容。
2. 银行主要负责人应亲笔签名，不得使用印章、签名章或其他电子制版签名，否则，视为无效。

[①] 投标人可根据自身情况决定提供银行信贷证明或财务能力承诺书。

财务能力承诺书①

致：_____（招标人全称）

  我谨代表_____（投标人全称）郑重承诺：若我单位有幸在_____（项目名称）工程投标活动中中标，将提供人民币（大写）_____元（¥_____）的流动资金，供本工程在施工需要时使用。

  特此承诺。

          投标人：_____（盖单位电子公章）
          法定代表人：_____（盖法定代表人电子章）

            _____年___月___日

附：银行存款证明。

注：应附招标公告发布后银行出具的不少于要求流动资金的银行存款证明。

---

① 投标人可根据自身情况决定提供银行信贷证明或财务能力承诺书。

银行存款证明①

银行名称：＿＿＿＿＿＿＿＿＿＿

地　　址：＿＿＿＿＿＿＿＿＿＿

　　　　　　　　　　　　　　　　　　日期：＿＿＿＿＿

致：＿(招标人全称)＿

　　兹证明＿＿＿＿(投标人名称)截止＿＿＿年＿＿月＿＿日＿＿时＿＿分，在我行＿＿＿＿账户中存款余额为人民币(大写)＿＿＿＿＿元(￥＿＿＿)。

　　　　　　　　　　　　　　银　　　行(盖章)：＿＿＿＿＿＿＿＿＿＿
　　　　　　　　　　　　　　银行主要负责人姓名、职务：＿(打印)＿
　　　　　　　　　　　　　　银行电话：＿＿＿＿＿＿＿＿＿＿＿＿＿
　　　　　　　　　　　　　　银行传真：＿＿＿＿＿＿＿＿＿＿＿＿＿

注：允许投标人实际开具的银行存款证明的格式与本表格式有所不同，但不得更改本存款证明格式中的实质性内容。

---

① 投标人可根据自身情况决定提供银行信贷证明或财务能力承诺书。

（四）近年完成的类似项目情况表

项目名称	
项目所在地	
发包人名称	
发包人地址	
发包人电话	
合同价格	
开工日期	
交工日期	
承担的工作	
工程质量	
项目经理	
项目技术负责人	
总监理工程师及电话	
项目描述	
是否在"浙江省交通运输信用综合管理服务系统"中公开	
备注	

注：1. 每张表格只填写一个项目，并标明序号。

2. 投标人应根据招标文件第二章"投标人须知"第3.5.3项的要求在本表后附相关证明材料。

3. 如近年来，投标人法人机构发生合法变更或重组或法人名称变更时，应提供相关部门的合法批件或其他相关证明材料来证明其所附业绩的继承性。

4. 以联合体形式参与投标的，联合体各成员应分别填写。

（五）投标人的信誉情况表

项　　目	投标人情况说明

注：1. 投标人应按照招标文件第二章"投标人须知"前附表附录4和"投标人须知"正文第1.4.4项规定，逐条说明其信誉情况。

2. 投标人应根据招标文件第二章"投标人须知"第3.5.4项的要求在本表后附相关证明材料。

3. 以联合体形式参与投标的，联合体各成员应分别填写。

（六）拟委任的项目经理、项目技术负责人和安全负责人资历表

姓　名		年　龄		专　业	
技术职称		学　历		拟在本标段工程担任职务	
工作年限				类似施工经验年限	
毕业学校	_____年____月毕业于_____学校_____专业,学制___年				
经　历					
时　间	参加过的类似工程项目名称			担任职务	发包人及联系电话
获奖情况					
说明在岗情况	□目前未在其他项目上任职,现从事工作为:_____ □目前虽在其他项目上任职,但本项目中标后能够从该项目撤离,目前任职项目:_____,担任职位:_____				
备　注					

注:1. 本表应填写项目经理、项目技术负责人和安全负责人相关情况。

2. 投标人应根据招标文件第二章"投标人须知"第 3.5.5 项的要求在本表后附相关证明材料。

3. 项目经理若曾在其他在建合同工程中担任项目经理(包括设计施工总承包项目中的施工负责人)但已进行更换的,应附项目发包人的同意更换证明材料,否则更换前后的项目经理均视为有"在建合同工程"。

（七）拟委任的其他主要管理人员和技术人员汇总表[①]

姓名	年龄	拟在本项目中担任的职务	技术职称	工作年限	类似施工经验年限

注：本表填报的人员应满足招标文件第二章"投标人须知"前附表附录6的要求。

[①] 本表仅适用于采用技术打分制的综合评估法进行评标的技术特别复杂的特大桥梁和长大隧道工程。

（八）拟委任的其他管理人员和技术人员资历表[①]

姓　名		年　龄		专　业	
技术职称		学　历		拟在本标段工程担任职务	
工作年限				类似施工经验年限	
毕业学校	_____年____月毕业于_____学校_____专业,学制___年				
经　历					
时　间	参加过的类似工程项目名称			担任职务	发包人及联系电话
获奖情况					
说明在岗情况	□目前未在其他项目上任职,现从事工作为:_____ □目前虽在其他项目上任职,但本项目中标后能够从该项目撤离,目前任职项目:_____,担任职位:_____				
备　注					

注:1. 本表人员应与表(七)中所列人员相一致。
　　2. 投标人应根据招标文件第二章"投标人须知"第 3.5.6 项的要求在本表后附相关证明材料。

[①] 本表仅适用于采用技术打分制的综合评估法进行评标的技术特别复杂的特大桥梁和长大隧道工程。

（九）拟投入本标段的主要施工机械表[①]

序号	设备名称	型号规格	国别产地	制造年份	额定功率（kW）	生产能力	数量（台）				预计进场时间
							小计	其中			
								自有	新购	租赁	

注：本表填报的设备应满足招标文件第二章"投标人须知"前附表7的要求。

[①] 本表仅适用于采用技术打分制的综合评估法进行评标的技术特别复杂的特大桥梁和长大隧道工程。

（十）拟配备本标段的主要材料试验、测量、质检仪器设备表[①]

序号	仪器设备名称	型号规格	数量	国别产地	制造年份	用途	备注

注：本表填报的设备应满足招标文件第二章"投标人须知"前附表7的要求。

[①] 本表仅适用于采用技术打分制的综合评估法评标的技术特别复杂的特大桥梁和长大隧道工程。

(十一)信用信息一览表

投标人全称	
企业主项资质	

浙江省交通运输厅投标截止日信用评价结果①	应附从"浙江省交通运输信用综合管理服务系统"中打印的含系统水印的信用评价结果,未按要求附打印件的,视为无信用评价结果
投标人是否选择使用信用等级加分	(填是或否,若填"是",应附从"浙江省交通运输信用综合管理服务系统"中打印的含系统水印的《信用评价结果使用承诺书》,未按要求附打印件的,视为未选择使用信用等级加分)
投标人是否在"浙江省交通运输信用综合管理服务系统"中公开	(填是或否)

在"浙江省交通运输信用综合管理服务系统"中,投标人拟委任主要人员信息公开情况

人员	姓名	是否在信息系统中公开(填是或否)	信用等级②	备注
项目经理 [＿＿专业＿＿级建造师注册证书信息、职称证信息、安全生产考核合格证书(B类)信息]				本表后附带有系统水印的《主要人员信息一览表》打印件,未按要求填写或未附打印件的,相关内容视为未公开
项目技术负责人 [职称证信息、安全生产考核合格证书(B类)信息]				
安全负责人 [安全生产考核合格证书(C类)信息]				

---

① 在《浙江省公路水运建设工程从业主体信用评价管理细则》施行且发布首次信用评价结果后,本处修改为:浙江省交通运输厅投标截止日及上一期信用评价结果。
② 在《浙江省公路水运建设工程从业主体信用评价管理细则》施行且发布首次信用评价结果前,本列无须填写。

(十二)履约行为表

投标人应如实填写下列内容①	
1. 近一年(_____年___月___日以来),有无被交通运输部、浙江省交通运输厅、浙江省发展和改革委员会三部门以外的省级及以上单位(部门)书面通报,被限制投标,并在处罚期内的; 2. 近三年(_____年___月_1_日以来),投标人或其法定代表人、拟委任的项目经理在工程建设领域中,有无行贿行为构成或未构成犯罪的[以中国裁判文书网(http://wenshu.court.gov.cn/)网站页面显示内容为准,时间以法院判决书判决时间为准]; 3. 有无存在投标人须知第1.4.3项、第1.4.4项情形	

① 本表中要求应与评标办法中信誉扣分内容相对应。

九、承　诺　函

_____（招标人名称）：

我方参加了_____（项目名称）_____标段施工投标，若我方中标，我方在此承诺：

若本项目招标文件未要求我方在投标文件中填报派驻本标段的其他主要管理人员和技术人员及主要机械设备和试验检测设备，在招标人向我方发出中标通知书之前，我方将按照合同附件提出的最低要求填报派驻本标段的其他主要管理人员和技术人员（并按要求提供社保证明）及主要机械设备和试验检测设备，在经招标人审批后作为派驻本标段的项目管理机构主要人员和主要设备且不进行更换。①

若我方已按本项目招标文件要求在投标文件中填报派驻本标段的其他主要管理人员和技术人员及主要机械设备和试验检测设备，我方将严格按照在投标文件中填报的其他主要管理人员和技术人员及主要机械设备和试验检测设备组织进场施工，且不进行更换。②

我方承诺：在招标人发出中标通知书前接受明显不平衡报价的修正。

如我方违背了上述承诺，本项目招标人有权取消我方的中标资格，并由招标人将我方的违约行为上报省级交通运输主管部门，作为不良记录纳入"浙江省交通运输信用综合管理服务系统"。

我方同时承诺，不通过互联网与任何单位和个人进行与本项目有关图纸资料交换传递，不通过任何途径向本项目无关方泄露和传播本项目有关图纸资料。

我方承诺本项目拟任项目经理在投标截止日无在其他任何在建合同工程上担任项目负责人的情形。在建合同工程的开始时间为合同工程中标通知书发出日期（不通过招标方式的，开始时间为合同签订日期），结束时间为该合同通过合同验收或合同解除日期。

以上承诺如有虚假，愿意接受投标保证金不予退还的处理。给招标人造成损失的，愿意依法承担赔偿责任。如已中标，同意招标人取消我方中标资格的处理。

投标人：_____（盖单位电子公章）

法定代表人：_____（盖法定代表人电子章）

_____年___月___日

---

① 本段适用于"技术通过制的综合评估法（合理低价法）"和"经评审的最低投标价法"等对其他主要管理人员和技术人员及主要机械设备和试验检测设备未设置资格审查条件的情况。

② 本段适用于"技术打分制的综合评估法"中对其他主要管理人员和技术人员及主要机械设备和试验检测设备设置资格审查条件的情况。

十、其他材料

浙 江 省

_____（项目名称）_____标段施工招标

投 标 文 件

第二个信封（报价文件）

投标人：_____（盖单位电子公章）

____ 年 ___ 月 ___ 日

目 录

一、投标函

二、已标价工程量清单

三、合同用款估算表

第九章 投标文件格式

一、投标函

_____（招标人名称）：

1. 我方已仔细研究了_____（项目名称）_____标段施工招标文件的全部内容（含补遗书第____号至第____号），在考察工程现场后，愿意以人民币（大写）____元（¥____）的投标报价（或根据招标文件规定修正核实后确定的另一金额，其中，增值税税率为____），按合同约定实施和完成承包工程，修补工程中的任何缺陷。

2. 在合同协议书正式签署生效之前，本投标函连同你方的中标通知书将构成我们双方之间共同遵守的文件，对双方具有约束力。

3. _____（其他补充说明）。

投 标 人：_____（盖单位电子公章）
法定代表人：_____（盖法定代表人电子章）
地　　址：_____
电　　话：_____
传　　真：_____
邮政编码：_____

_____年___月___日

二、已标价工程量清单

投标人应按照第五章"工程量清单"的要求逐项填报工程量清单,包括工程量清单说明、投标报价说明、计日工说明、其他说明及工程量清单各项表格(工程量清单表____、表____、……)。

三、合同用款估算表

从开工月算起的时间（月）	投标人的估算			
	分　　期		累　　计	
	金额(元)	百分比(%)	金额(元)	百分比(%)
第一次开工预付款				
1～3				
4～6				
7～9				
10～12				
13～15				
……				
缺陷责任期				
小计		100.00		
投标价				
说明				

注：1. 投标人可按施工组织设计附表一的工程进度估算并填写本表。
　　2. 用款额按所报单价和总额价估算，不包括价格调整和暂列金额、暂估价，但应考虑开工预付款的扣回、质量保证金的扣留以及签发付款证书后到实际支付的时间间隔。